宗教のきほん

島薗進

なぜ「救い」を求めるのか

NHK出版

宗教のきほん　なぜ「救い」を求めるのか　目次

はじめに

宗教とは何か。

このように問われたら、みなさんはどんな答えを思い浮かべるでしょうか。「質問が漠然としすぎていて、すぐには答えられない」。そう思う人も多いでしょう。

宗教とは何かを考えるとき、一つの手がかりになるのが「救い」という言葉です。「宗教によって救われた」と自覚する人は世界中にたくさんいますし、「人を救う」ことこそ宗教の本領だと考える人も多いと思います。

一方で、「救い」という言葉から受け取るイメージは、人によってかなり異なることも事実でしょう。「救い」と聞いて、〝カルト〟的なものを連想してとっさに「危ない」と思う人も、「『救い』ということを深く理解できないと、宗教の本質はわからない」と捉える人もいる。このように、「救い」には何かあやうい面と、非常に大切な深い面の両方があるのではないかと思います。人によってどちらを取るかはそれぞれだとしても、そのいずれもが「救い」であることには変わりない。宗教が掲げる「救い」には、このような両面性が含み込まれているといえます。

このことからもわかるように、宗教というものは、人の生き方や考え方の根本に関わっています。これは宗教のもつ重要な側面です。

哲学や文学なども、人の心や思考を育むのに重要な領域であり、同時にあやうい面をもつものだともいえるでしょう。しかし、哲学や文学についてはどちらかというとその重要さの方が強調されるように思います。また、それゆえにやや高度で複雑なものとされ、万人に理解されることよりも、理解できる人が理解できればよいとするところもある。

それに対して、「救い」を掲げる宗教の本質的なメッセージは「すべての人に関わる」ことであり、実際にそれだけの広がりをもっています。ですから、人類の精神文化（というと大袈裟《おおげさ》に聞こえるかもしれませんが）というものを考える上で、哲学・学術や文学・芸術だけでなく、宗教について、またその核心にある「救い」について考えることが欠かせません。

人類史、とりわけ世界の諸文明が成立して以来の歴史（文明史）にとって大きな役割を果たしてきたと考えられる「救い」ですが、具体的に見ると、すべての宗教において「救い」が重視されてきたわけではありません。宗教のなかには「救い」を主題とする宗教とそうではない宗教があり、ある時代以降の人類史においては前者が強い影響力をもってきた、といえるでしょう。

宗教学という学問分野では、「救い」を重視する宗教を「救済宗教」と呼んでいます。その代表は、世界の三大宗教としても知られるキリスト教、仏教、イスラームです。

この本では、「宗教とは何か」という問いを考える鍵として、この救済宗教に焦点を当てていきます。救済宗教が人類史のなかで強い影響力をもってきた、その意味を振り返ることが、いま重要ではないかと思うからです。また救済宗教について考えることは、おのずとそれ以外のタイプの宗教の理解にもつながり、広く人類の精神文化の理解へと通じていくことでしょう。

その上で、本書の課題は二つあります。一つは、なぜ「救い」がかくも重要だったのか、いまも重要であり続けているのかを理解する、ということです。「救い」が重要であることの前提には、「人間は救われる必要がある」という認識があります。つまり、ここでは人間が救われていない状態、すなわち苦難、悪、死など、人間が深く悩まざるを得ないネガティブな領域が強く意識されている。そのことをどう理解するか。

もう一つは、「救い」や救済宗教が、現代に生きる私たちとどのような位置関係にあるのかを考える、ということです。救済宗教を理解するためには、「救済を重視しない宗教（たとえば自然宗教）」と比べるという方法がありま す。また、一般的に宗教の範疇《はんちゅう》には含まれませんが、人類を幸せにするものとして多くの人が共有する思想（儒教、哲学、マルクス主義など）との比較で理解するという方法もあるでしょう。

本書では、「現代に生きる私たちは、救済宗教に距離感を感じている」という事実を通して、救済宗教について考えていきたいと思います。近代以降、宗教になじめない、宗教はもう受け入れられないという人が社会全体で増えてきましたが（この状況を「世俗化」といいます）、現代の私たちもその流れのなかにいます。自分たちは宗教を卒業した。我々は、過去においてとても有力だった精神文化の「あと」（post-）にいる――救済宗教への距離感は、現代人のそのような意識と関わっているように思えます。

さらにいえば、現在、多くの人はそもそも自分と宗教がどのような関係にあるのか、よくわからないままでいるのではないでしょうか。それに対する手がかりが学校教育で与えられることはなく、メディアが意識的に提示することも少ない。「世俗化」が進むあいだに、宗教への無関心、さらには宗教軽視の態度が養われ、そこから脱却できないでいるからでしょう。

しかしいま、新しいかたちでの「宗教の学び」が求められていると私は思います。それは、特定の宗教の教えについて知識を深める、あるいは体得していくというタイプの学びではなく、宗教とは何かについて知る、すなわち「宗教リテラシー」を身につけるというタイプの学びです。その際、長い歴史と世界的な広がりをもつ救済宗教について考えることは、一つの有効な手がかりになると考えます。

現代の私たちの自己理解との関係で救済宗教を捉える。本書ではそのような視点に立って、救いの信仰（とその後）について考えてみたいと思います。

第1章

信仰を求めない「救い」

——文芸が表現する救済宗教的なもの

「救い」の物語を読む

なぜ「救い」を求めるのか。こんな問いをタイトルに掲げる本書を手にしたみなさんは、「救い」という言葉にどんな印象をもっているでしょうか。「『癒《いや》し』なら身近に感じられるけど、『救い』はちょっと敷居《しきい》が高い」「『救い』を掲げる宗教に近づくことは、何となく怖い」。そう思う人が少なくないかもしれません。

一方で、「救い」という考え方そのものが、宗教という枠組みを離れ、映画や物語、歌など身近な芸術作品などのなかに出てくると、多くの人に共感をもって受けとめられる、ということがあります。この章ではまず、そんな「救い」の物語を、よく知られている文芸作品を通して味わってみましょう。

最初は、ハンス・クリスチャン・アンデルセン（一八〇五〜七五）の「マッチ売りの少女」です。アンデルセンは、創作童話というジャンルを開拓し、その後の児童文学に大きな影響を与えた人として知られています。デンマークのオーデンセという町で、靴職人の家に生まれたアンデルセンは、はじめは大人向けの小説などを書いていましたが、やがて児童文学の領域に入っていきます。

その頃の児童文学でよく読まれていたのは「昔話」です。その代表といえるのが、グリム兄弟がドイツに古くから伝わる昔話を集め、当時の人が楽しく読めるように編んで出版した『グリム童話集』です。一方、アンデルセンが取り組んだのは、新たに物語をつくる「創作童話」でした。その背景には彼の宗教への強い関心がありました。アンデルセンはキリスト教の信仰を大切にした人ですが、当時、キリスト教が少しずつ人の心から離れていっていることも自覚していました。キリスト教のなかにある大事なものを自分なりに伝えたい、そんな思いで物語をつくっていたのではないかと思います。

「マッチ売りの少女」

「それは、たいへん寒い日でした。雪が降っていました。そして、あたりは、もう暗くなりはじめました。それはまた、一年の一ばんおしまいの夜、つまり大みそかの晩でした」（『完訳　アンデルセン童話集　２』岩波文庫、以下同）。物語はこんなふうに始まります。大晦日《おおみそか》、少女はエプロンにたくさんのマッチを入れ、片手に一束のマッチを握り、それを売ろうとしていました。しかしまったく売れません。ぶかぶかの靴は急いで道を渡るときに脱げてしまいました。片方は見つからず、もう片方は誰かがもっていってしまった。「いまこの少女は、小さいはだしの足を、寒さのために赤く青くして、歩いているのでした」。

家々の窓には明るい光があり、ガチョウを焼いているおいしそうな匂《にお》いがします。しかし少女は家には帰れません。何も売れずに帰ればお父さんにぶたれるだけです。それに家だってものすごく寒い。少女は通りに面した二軒の家のあいだに座り、もっていたマッチを一本すりました。

「シュッ！　なんという火花でしょう。なんとよく燃えること！　あたたかい明るい炎は、まるで、小さいロウソクの火のようでした。少女はそのまわりに手をかざしました。ほんとうに不思議なロウソクです！」。大きなストーブのようにも感じたその火は、しかしすぐに消えてしまいます。少女はもう一本マッチをすりました。するとと今度は大きなクリスマスツリーが現れました。その飾りに手を伸ばそうとしたとき、マッチは消え、天国の星のように見えたクリスマスツリーの光の一つが流れ落ちました。

「あっ、だれかが死ぬんだわ！」と、少女は言いました。もうとっくに死んでいますが、この世の中でたった一人自分をかわいがってくれた、年とったおばあさんが、星が一つ落ちると、そのたびに、一つの魂が神様のところへのぼってゆくんだよ、と言っていたからです。

少女は、またまた一本のマッチを壁にこすりました。あたりがぱっと明るくなりました。すると、その明るい光のなかに、年をとったおばあさんが立っているではありませんか。その姿は、いかにもやさしく、幸福そうに、光り輝いて見えました。

「おばあさん！　わたしをつれてってちょうだい！」と少女は叫びます。マッチが消えたら、きっとおばあさんも行ってしまう。引き止めようと、少女は大急ぎで残りのマッチ全部をすって火をつけます。マッチはとても明るく輝き、あたりは真昼よりも明るくなって、少女の目にはおばあさんがとても美しく、大きく見えました。おばあさんは少女を胸に抱きました。「二人は光とよろこびとにつつまれて、高く高くのぼってゆきました。そこにはもう、寒いことも、おなかのすくことも、こわいこともありません。――二人は神様のみもとに、召されたのです」。

翌朝、その場所にはマッチを手に凍《こご》え死んでいる少女がいました。口元にはほほえみが浮かんでいるようでした。

あたたまろうとしたんだね、と、人びとは言いました。だれも、この少女が、どのような美しいものを見たか、また、どのように光につつまれて、おばあさんといっしょに、新しい年のよろこびをお祝いしにいったか、それを知ってる人はいませんでした。

こうして物語は終わります。

見えないものを見て、死を超える

「神さまのみもとに召された」とあるので、少女は天国に行った、すなわち「救われた」のでしょう。これはまさにキリスト教が教えるところの救いのあり方です。報われることのないような悲しい子どもの死も、実は神によって報われる。死後の救いはある、という思想です。

しかし、そのようなキリスト教の前提がなくても、この物語は理解できるものです。物語の主題はあくまで、少女が亡くなったおばあさんと再会して一緒になること。そして、つらく孤独な少女の心が、温もりとやすらぎのなかに帰っていくということです。

この物語を読む読者が、少女は「救われた」と感じるのはなぜでしょうか。一つは、「苦しみと孤独と死を超える」さまが描かれているからでしょう。現実の世界とその向こう側にある世界がつながっているというのは、児童文学やファンタジーが得意とする設定ですが、この物語でも、現実世界での死と、その向こう側にある光に満ちた世界とが描かれています。少女はつらい現実世界を超えていったと感じるのです。

もう一つは、「目に見えないものが見えている」様子が描かれているからではないでしょうか。ストーブ、クリスマスツリー、そしておばあさん——少女は、現実世界では見えないはずのさまざまな幻を見ました。他の人には決して見えない尊いものに触れることで、苦しみと孤独と死を超えていったのです。その少女の物語を通して、読み手の側も、この世的なもの・現実的なものの向こう側にある〝何か〟に接することができる。そこに私たちは心を動かされるのでしょう。

宮沢賢治「よだかの星」

「マッチ売りの少女」と同じように、「救い」のイメージを伝える物語が、日本の作家の作品にもあります。

宮沢賢治（一八九六〜一九三三）はアンデルセンのおよそ百年あとの時代の人

で、同じく童話を数多く遺した作家です。生前に発表した本は二冊だけでしたが、三十七歳で亡くなったあとたくさんの未発表作品が発見されました。多くの人たちがそれに心惹《こころひ》かれ、その人気はいまも続いています。

宮沢賢治は熱心な仏教徒で、「法華経《ほけきょう》（妙法蓮華経《みょうほうれんげきょう》）」という大乗仏教のお経をとりわけ尊んでいました。そのため彼の作品には、宗教的な考え方や感じ方が込められているものが多くあります。自分の仏教の信仰は物語を通してこそ伝えられる。こうした彼の考えには、同じような思いで創作に取り組んだアンデルセンの影響もあったようです。

そんな宗教性が強く感じられる作品の一つが、「よだかの星」です。物語の筋を追ってみましょう。

よだかは、実にみにくい鳥です。

顔は、ところどころ、味噌《みそ》をつけたやうにまだらで、くちばしは、ひらたくて、耳までさけてゐます。

足は、まるでよぼよぼで、一間《いっけん》とも歩けません。

ほかの鳥は、もう、よだかの顔を見ただけでも、いやになってしまふといふ工《ぐ》合《あひ》でした。

（『宮沢賢治全集5』ちくま文庫、以下同）

よだかは「実にみにくい鳥」で、自分より体が小さい鳥からも疎《うと》まれていました。名前に「たか」と付いているものの鷹《たか》の仲間ではなく、鋭い爪やくちばしもありません。そんなよだかがなぜ「よだか」という名前になったかといえば、飛ぶのがものすごく速く、鋭い鳴き声が鷹に似ていたからです。鷹はこれが気に入りません。そしてよだかに名前を「市蔵《いちぞう》」と変えるよう迫ります。

「鷹さん。それはあんまり無理です。私の名前は私が勝手につけたのではありません。神さまから下さったのです。」

「いゝや。おれの名なら、神さまから貰《もら》ったのだと云《い》ってもよからうが、お前のは、云はば、おれと夜と、両方から借りてあるんだ。さあ返せ。」

鷹はよだかに、さまざまな鳥の家を一軒一軒回って改名披露をしろ、さもなければお前をつかみ殺す、と脅《おど》して帰っていきました。ひどいいじめです。

悪いことなど何もしていないのに、どうしてこんなにつらい目に遭《あ》うのか。そんなとき、よだかにできることは空を飛ぶことでした。大きく口を開け、矢のような速さで空を飛ぶよだか。すると口の中には羽虫や甲虫《かぶとむし》が入ってきて、それを食べるわけですが、よだかにはそれがまた悲しい。

(あゝ、かぶとむしや、たくさんの羽虫が、毎晩僕に殺される。そしてそのたゞ一つの僕がこんどは鷹に殺される。それがこんなにつらいのだ。あゝ、つらい、つらい。僕はもう虫をたべないで餓《う》ゑて死なう。いやその前にもう鷹が僕を殺すだらう。いや、その前に、僕は遠くの遠くの空の向ふに行ってしまはう。)

殺生という罪と「救い」

ここから、この物語は生きものが殺し合っている世界を問題にしていることが読み取れます。生物の世界では食物連鎖ですが、仏教ではともに痛み苦しむ者同士の関係として「殺生《せっしょう》」を捉えます。人間も、他の人に痛みを与えたり、人間同士で傷つけ合ったり殺し合ったりして生きており、そのような罪を犯していることを自覚せざるをえない。そのことを、この物語は生きものの世界の話として語っているのだと思います。生きもの同士が傷つけ合う状況と、人間がそのように生きていることを重ね合わせて捉える、これは仏教の伝統によく見られることです。

よだかは、弟のかわせみのところに行きました。「僕は今度遠い所へ行くからね」と言い、もう一人の弟のはちすずめにもよろしく伝えてくれと頼みます。引き止めるかわせみを振り切って、よだかは家に帰ります。

翌朝、よだかは昇り始めた太陽に向かって飛び立ちました。「お日さん、お日さん。どうぞ私をあなたの所へ連れてって下さい。灼《や》けて死んでもかまひません。私のやうなみにくいからだでも灼けるときには小さなひかりを出すでせう。どうか私を連れてって下さい」。太陽は、「ずゐぶんつらからう」とよだかにやさしく言葉をかけ、お前は夜の鳥だから、星に頼んでごらんと促します。

その夜、よだかは再び空に飛び上がり、西の空のオリオンに「私をあなたのところへ連れてって下さい」と頼みました。ところが、オリオンはてんで相手にしません。よだかは、南、北、東の星にそれぞれ頼みに行きますが、どの星も相手にしてくれません。東の鷲《わし》座などは、星になるには相応の身分とお金がいるとまでいいます。無慈悲の極みです。

よだかはもうすっかり力を落してしまって、はねを閉ぢて、地に落ちて行きました。そしてもう一尺で地面にその弱い足がつくといふとき、よだかは俄《には》かにのろしのやうにそらへとびあがりました。そらのなかほどへ来て、よだかはまるで鷲が熊を襲ふときするやうに、ぶるっとからだをゆすって毛をさかだてました。

それからキシキシキシキシキシッと高く高く叫びました。その声はまるで鷹でした。野原や林にねむってゐたほかのとりは、みんな目をさまして、ぶるぶるふるへながら、いぶかしさうにほしぞらを見あげました。

よだかはどんどん空を上っていきますが、星はなかなか近づいてきません。だんだん羽がしびれてくる。寒さもつらい。一生の苦しみを突き詰めていったかのようです。

そしてなみだぐんだ目をあげてもう一ぺんそらを見ました。さうです。これがよだかの最後でした。もうよだかは落ちてゐるのか、のぼってゐるのか、さかさになってゐるのか、上を向いてゐるのかも、わかりませんでした。たゞこゝろもちはやすらかに、その血のついた大きなくちばしは、横にまがっては居ましたが、たしかに少しわらって居《を》りました。

それからしばらくたってよだかははっきりまなこをひらきました。そして自分のからだがいま燐《りん》の火のやうな青い美しい光になって、しづかに燃えてゐるのを見ました。

すぐとなりは、カシオピア座でした。天の川の青じろいひかりが、すぐうしろになってゐました。

そしてよだかの星は燃えつゞけました。いつまでもいつまでも燃えつゞけました。

今でもまだ燃えてゐます。


物語はこのように終わります。

弱き者が死を超えて光になる

よだかは星になりました。仏教でいえば「彼岸《ひがん》に渡った」「仏になった」ということかもしれません。いずれにしても、まったく行き場のなかった者が、ただひたすらそれを超えるところに憧《あこが》れ、願い通りそこへ行った。この世を超えた永遠の存在になった。そのような話になっています。

この物語では、よだか以外の生きものがみなよだかに冷たいことが際立っています。やさしいのは弟のかわせみとお日さまくらいです。これは、宮沢賢治が生きた近代化が進む人間社会を反映しているといえるでしょう。人間はそもそも互いに苦しめ合う。人より多くの業績を上げようとし、地位が上がると傲慢《ごうまん》になり、人の痛みが見えなくなる。こうした社会のあり方を背景に、そこにある排除や暴力（その代表が鷹です）を仏教の殺生の理念と結びつけ、ひたすらそれを超えていく存在としてよだかを描いた。よだかは死という犠牲《ぎせい》を払うことを通して、その向こう側に行ったのです。

「よだかの星」が「マッチ売りの少女」とよく似ているのは、非常に弱い立場にある主人公が、最後に彼方の光源に達し、究極のやすらぎを得るということです。このようなプロットは、「救い」――仏教的には「解脱《げだつ》」といった方がいいかもしれません――を願うことが信仰の核にある、という宗教的な世界観が背景になっていると考えられます。ただ、これも「マッチ売りの少女」と同様で、そのような信仰をもっていなくても十分に共感できるのではないかと思います。

科学と自己犠牲――「グスコーブドリの伝記」

宮沢賢治の作品をもう一つ取り上げます。「グスコーブドリの伝記」、これもまたとても悲しい物語です。

「イーハトーブ」は宮沢賢治が物語を展開する舞台とした想像世界です。主人公のグスコーブドリの家はイーハトーブの大きな森のなかにあります。木こりの父、畑仕事などもする母、そしてブドリと妹のネリが、森の生きものとともに幸せに暮らしていました。ところがブドリが十歳、ネリが七歳のとき、天候の異変で日照が不足して低温に見舞われ、主食となるオリザという穀物が実りません。父が薪《たきぎ》を売りに行っても売れない。次の年も同様で、飢饉《ききん》になってしまいます。やがて父は家を出て、母もその父を探しに行ってしまいます。残されたブドリとネリはそれぞれ事業家のような人に連れ出され、ブドリは工場や農地でこき使われます。それでも意欲的に働こうとするブドリですが、火山の噴火や日照りが起こって、それらの仕事もできなくなってしまいます。

二十歳ほどになったブドリはイーハトーブの都市に出ていきます。人々を苦しめる災害を克服する知恵を求めるブドリは、無類の博識で自由奔放《ほんぽう》な天才肌のクーボー博士に出会います。博士に教えられ、ブドリはイーハトーブの火山局に赴《おもむ》き、そこにいるペンネン技師に学びながら、火山局の仕事に携わります。

ある日、観測データからサンムトリ火山の噴火が近いことに気づいたブドリとペンネン技師は、クーボー博士の力を借り、土木作業を行って被害のないかたちで火山エネルギーを放出させることに成功します。彼らはまた、潮汐《ちょうせき》発電所や適度な噴火による温暖化誘導によって、冷害や旱魃《かんばつ》にも対処できると考え、準備を進めます。さらに火山工作によって硝酸アンモニアを雨に溶け込ませて降らせ、肥料とし、豊作に導くことにも成功します。

こうして、偉大な知恵をもつ科学者とその仲間によって、イーハトーブの人々に救いがもたらされます。ブドリは妹のネリに再会し、父母の亡くなった場所を知って墓を立てることができました。

ところがブドリが二十七歳のとき、またしても厳しい寒さが続き、かつてブドリ一家に起こったような悲劇が予想される事態となります。ブドリはクーボー博士を訪ね、それを防ぐにはカルボナード火山を爆発させて二酸化炭素を気層に増やし、気温を上昇させるのがよい方法だと知ります。

「先生、あれを今すぐ噴《ふ》かせられないでせうか。」
「それはできるだらう。けれども、その仕事に行つたもののうち、最後の一人はどうしても遁《に》げられないのでね。」
「先生、私にそれをやらしてください。どうか先生からペンネン先生へお許しの出るやうお詞《ことば》を下さい。」
（『宮沢賢治全集８』ちくま文庫、以下同）

ブドリはクーボー博士とペンネン技師を説得し、作業のあと一人で島に残りました。

そしてその次の日、イーハトーブの人たちは、青ぞらが緑いろに濁《にご》り、日や月が銅《あかがね》いろになつたのを見ました。けれどもそれから三四日たちますと、気候はぐんぐん暖くなつてきて、その秋はほぼ普通の作柄になりました。そしてちやうど、このお話のはじまりのやうになる筈《はず》の、たくさんのブドリのお父さんやお母さんは、たくさんのブドリやネリといつしよに、その冬を暖いたべものと、明るい薪で楽しく暮すことができたのでした。

共同体の救いという宗教性

あらすじを駆け足で紹介しましたが、「グスコーブドリの伝記」はこのような物語です。

この物語も「救い」の物語といえます。ただ、「よだかの星」と比べると「救い」の種類が少し違っています。「よだかの星」では、個人の痛み・苦しみや人間同士が傷つけ合うことが主題になっていました。一方、「グスコーブドリの伝記」の主題は自然災害で、それによってみんなが苦しむさまが描かれています。つまり、前者で描かれたのは「個の救い」、後者では「みんなの救い」です。

希望のありかもまた違っています。よだかはこの世を超えたものに向かってひたすら進んでいきましたが、ブドリが信じたのは現実世界を変える科学の力でした。ブドリは努力して知恵を磨くことで、これまで足りなかったものを得、それによってイーハトーブの人々を救いました。宮沢賢治は、伝統的な仏教と現代の科学が融合することによってこそ、本当の「救い」が得られるという考えをもっていたようです。代表作「銀河鉄道の夜」などのなかで、彼はそれを「ほんたうのさいはひ」と呼んでいますが、「グスコーブドリの伝記」においても、そうしたものが目指されているのです。

また、最後に自分が犠牲になって人々を救うという物語構成は、釈迦《しゃか》（ゴータマ・シッダールタ）の前世を描くインドの説話集『ジャータカ』を思わせるところもあります。『ジャータカ』は、釈迦がこの世に生まれる前、菩薩《ぼさつ》としてさまざまな善行を行ったことを語る物語です。菩薩とは、悟りを求め、人々を救うための修行者ですが、『ジャータカ』ではしばしばわが身を顧みずに善行を施す修行者の姿が描かれます。人を救うために自分が犠牲になるような人生を送った人こそが後に釈迦に生まれ変わったのだとされ、そのような生き方への畏敬の念を育んできました。

ただ、こうした自己犠牲を推奨するような調子には、現代では反発を覚える人もいるかもしれません。「人々を救うため」というのは自意識過剰ではないか。また、一見、自発的な行為のように見えて、それは強《し》いられた犠牲なのではないか。宗教は救いの一方で、実は抑圧をもたらす可能性をもったものなのではないか。このことについては、第4章で詳しく述べます。

現代人の痛みを癒す物語

このように、宮沢賢治の物語では、宗教の「救い」にあたるものがしばしば示唆されます。これは、かつて宗教がもたらすとされた「救い」を、新たなかたちで生み出そうという彼の思いの表れだといえるでしょう。しかしいま、宮沢賢治の作品を読む読者の多くは、そのテーマや構造が仏教に由来するものかどうかは意識せずに、そこからやすらぎやはげましを受け取りながら、物語を味わっているのだと思います。

信仰をもってはいながら、その教義をそのまま物語として表現するのではなく、自分なりの理解で新たに物語を創作する。アンデルセンと宮沢賢治の童話は、そのような姿勢で生み出されたものといえます。

このような創作童話が現れてきた背景には、時代の変化に伴って、伝統的な宗教の教えや聖典の物語だけでは、宗教の伝えるべきものが伝わらなくなってきたというもどかしさがあったのだろうと考えられます。近代において、「救い」の信仰の信憑性《しんぴょうせい》は薄れていきました。死後の救いや永遠のいのちは本当にあるのか。天国や極楽《ごくらく》は実際に存在するのか。そのような疑義が増えていった。そんな時代にあって、作家たちは、童話やファンタジーといった物語形式においてこそ、宗教が伝えようとしてきた大切な何かが伝えられる、「救い」の理念を違うかたちで生かすことができる、そう考えたのだと思います。

そして実際、彼らの物語は近代の、また現代の読者の心に響いています。それは、現代に生きる私たちのなかにも言葉にしにくい「心の痛み」があるからだと思います。その痛みを人に伝えられない、あるいはそれを表現することにわだかまりを感じる、そのような人たちの心に、アンデルセンや宮沢賢治の物語はそよ風を送っているといえるのではないでしょうか。

金子みすゞの童謡

宮沢賢治が生きた大正時代、日本には「童謡」という新しいジャンルの児童文学が生まれました。『赤い鳥』や『金の船』といった雑誌が創刊され、当時の文学者や詩人、また全国の投稿詩人たちが作品を寄せ、作品にはメロディが付けられて歌にもなり、大変な人気を集めました。

童謡は子どものための文学というかたちを取りながら、大人の心にもスッと入っていく抒情《じょじょう》表現のジャンルです。興味深いことに、童謡には悲しい歌が多い。また夕方の歌が多いのも特徴です。童謡ではしばしば「家に帰る」場面が歌われます。「七つの子」（野口雨情《うじょう》作詞）、「夕焼け小焼け」（中村雨紅《うこう》作詞）、「赤とんぼ」（三木《みき》露風《ろふう》作詞）の歌詞を思い出してください。文字通り夕方になって家に帰るということでもありますが、そこには故郷に帰ること、あるいはそこに帰れない寂しさ、身近な人たちが遠くへ行ってしまった悲しさなど、望郷・喪失といったテーマが重ね合わされています。それが「魂のふるさとに帰る」というところまでいくと、救いの信仰に似てきます。

童謡において、宗教的なモチーフを深く感じさせる作品を遺したのが金子みすゞ（一九〇三〜三〇）です。彼女は宮沢賢治の少しあと、一九〇三年に山口県の日本海側の漁村の、後に書店を営むことになる家に生まれました。二十歳のとき、その書店の本店がある下関に移り、雑誌への作品投稿を始めます。詩人の西條八十《さいじょうやそ》に見出され、精力的に投稿を続けますが、夫との結婚生活がうまくいかず、生まれた子どもを育てることも夫に妨げられた彼女は二十六歳で自ら命を絶ってしまいます。

悲劇的な一生をたどった金子みすゞの作品は、その後長らく忘れられていました。しかし一九八〇年代の中頃に〝再発見〟され、教科書やテレビコマーシャルに採用されたり、いろいろな人が新たに曲を付けたりして、多くの人たちの心に届くものになりました。

生のきらめきと罪――「大漁」

金子みすゞの作品で最もよく知られているものの一つが、「大漁」という童謡です。

朝焼《あさやけ》小焼《こやけ》だ
大漁だ
大羽鰮《おほばいわし》の
大漁だ。

濱《はま》は祭りの
やうだけど
海のなかでは
何萬《なんまん》の

鰮のとむらひ
するだらう。

（『金子みすゞ全集・Ⅰ　美しい町』ＪＵＬＡ出版局）

人間は浜で鰯《いわし》の大漁を喜んでいる。一方、海の中では、人間に獲られてしまった鰯のとむらいが行われるだろうという。これは宮沢賢治の「よだかの星」とも似ています。生き延びる存在があれば、殺されていく存在がある。利益を得る人があれば、苦しむ人がいる。そうした生きもののあり方、とくに人間社会のあり方というものが、強く自覚されています。暴力や罪のなかに生きている人間というものが、生きものを題材に語られているのです。この作品のなかでは救いがまだ見えないのですが、救いが深く求められていることを示唆する歌といえるでしょう。

宮沢賢治が帰依《きえ》した法華経は日蓮《にちれん》宗が重んじた経典です。金子みすゞがどのような信仰をもっていたのか詳細はわかりませんが、彼女が生まれ育ったのは浄土真宗がさかんな地域でした。生きものが背負う罪や悲しみを強調する考え方は広く仏教に見られますが、とくに浄土真宗の教えとつながっているようにも思えます。

西方浄土を思う「燈籠ながし」

仏教的な世界観とのつながりをより感じさせる他の童謡に、「燈籠《とうろう》ながし」があります。

昨夜《ゆふべ》流した
燈籠は、
ゆれて流れて
どこへ行《い》た。

西へ、西へと
かぎりなく、
海とお空の
さかひまで。

ああ、けふの、
西のおそらの
あかいこと。

（同前）

燈籠を流すということは、おそらくお盆の行事でしょう。金子みすゞが育った山口県の日本海側の町で、海に燈籠を流すと西へ流れていくことが描かれています。そのゆくえを探すように西の海を見ると、日が沈むのも見えるのでしょう。浄土《じょうど》信仰では、西に沈む太陽を見て西方の極楽浄土を思い浮かべる日想観《にっそうかん》という仏事がありますが、それを思わせるところがあります。

先ほど「童謡には夕方の歌が多い」と述べました。この作品でも西の空が赤くなる夕方が歌われています。あたたかなぬくもりがある家に帰るというやすらぎを歌う一方、そこには行けない、自分はそのぬくもりから遠く隔たっているという孤独感と悲しみをかきたてもする。童謡にはこの対照が見られるものが多いのですが、これも遠くにある極楽浄土を思う浄土信仰につながっているのかもしれません。

花の一生に重ねた愛と慈悲

もう一つ、「花のたましひ」という作品を紹介しましょう。

散つたお花のたましひは、
み佛《ほとけ》さまの花ぞのに、
ひとつ殘《のこ》らずうまれるの。

だつて、お花はやさしくて、
おてんとさまが呼ぶときに、
ぱつとひらいて、ほほゑんで、
蝶々にあまい蜜をやり、
人にや匂ひをみなくれて、

風がおいでとよぶときに、
やはりすなほについてゆき、
なきがらさへも、ままごとの
御飯になつてくれるから。
（『金子みすゞ全集・Ⅱ　空のかあさま』ＪＵＬＡ出版局）

花は咲いてから散るまでずっと、人や自然を喜ばせてくれることを綴《つづ》った、シンプルな詩ともいえます。しかし、「なきがら」という言葉から悲しみが喚起され、死とその向こう側を感じさせます。人のために何者かが犠牲になるという救済宗教の教え――キリスト教の「愛」、仏教の「慈悲《じひ》」――につながるようなことを、何ほどか感じさせるものではないかとも思います。

金子みすゞは大正末期に彗星《すいせい》のように登場し、昭和のはじめにこの世を去りました。しかしその詩は、昭和の終わりに復活して人々の心に響くようになり、いまなお多くの人の心をなぐさめています。彼女の作品は、私たちが失ってきた「救い」の信仰に通じるものを、童謡という別のかたちで表しています。金子みすゞの童謡がいまも根強く愛されていることは、「救い」が宗教を超えて人の心に訴える力をもっていることをよく表しているといえるでしょう。

「アメイジング・グレイス」の力

日本の童謡からはなれて、欧米の歌の世界を見てみましょう。いま世界で最も人気がある歌といったら何でしょうか。その答えは簡単には出ないと思いますが、「アメイジング・グレイス（Amazing Grace）」はその一つではないでしょうか。

この歌は、アメリカで長くゴスペルソング（アフリカ系住民が歌う教会音楽）として歌われてきましたが、その後、多くの歌い手によって、またさまざまなアレンジで、広く歌い継がれています。有名なところではソウル・ミュージックの女王アレサ・フランクリン、白血病で若くして亡くなった本田美奈子．など、インターネットで検索すれば、さまざまな人が歌うバージョンを聴くことができます。

このように、現在、世界中で歌われるゴスペルとして人気を誇る「アメイジング・グレイス」ですが、その詞を書いたのはジョン・ニュートン（一七二五〜一八〇七）というイギリス人です。
一番の歌詞を見てみましょう。

Amazing grace
how sweet the sound
That saved a wretch like me

I once was lost
but now am found
Was blind but now I see

驚くほどの神の恵み

何とやさしい響きだろう
こんな私までも救ってくださる

道を見失いさまよっていた私
だが、今は違う
これまで見えなかった神の恵み
それが今ここにある

（筆者訳）

これは「救い」の教えに基づいて書かれ、紛《まぎ》れもないキリスト教の信仰を表現した歌です。歌詞は七番までありますが、「たくさんの危機や労苦やわながあり／ここまで来られたのは神の恵みあればこそ／そして、これからも恵みあってのやすらぎよ」など、救い主である神を讃《たた》える内容が最後まで歌われています。

ジョン・ニュートンの回心体験

ジョン・ニュートンの母親は熱心なクリスチャンでしたが、彼が六歳のときに亡くなり、以来、ジョン・ニュートン自身は信仰をもたずに生きていました（ジョン・ニュートンの人生については、神渡良平『アメイジング・グレイス——魂の夜明け』参照）。

海軍兵士として勤めた後、彼は奴隷商人になります。二十二歳のとき、乗っていた船が暴風雨で難破しかけ、神に祈ったところ奇跡的に遭難を免れたことで、回心（神の教えに立ち返る信仰体験、いわば〝生まれ変わり〟）を経験します。三十歳で奴隷貿易の仕事を辞めたニュートンは、キリスト教の信仰覚醒《かくせい》運動を起こしたジョン・ウェスレーらとロンドンで出会い、その影響で牧師になることを目指します。ウェスレーらの「メソディズム」は、信じる者の心に聖霊が直接的に働きかけることを重視するなど、民衆の体感的な信仰心を育むような側面をもっていて、アメリカでさらに大きく展開しました。

牧師になったジョン・ニュートンは、一七七九年に讃美歌集をつくりますが、そこに収められていたのが「アメイジング・グレイス」でした。この頃から彼は、かつては自らも従事していた奴隷貿易の廃止運動に積極的に関わるようになります。これが、アフリカ系アメリカ人によって「アメイジング・グレイス」が好まれた一つの理由になっているのではないでしょうか。彼が八十二歳で亡くなる直前、イギリスでは奴隷貿易が廃止されました。

いま、「アメイジング・グレイス」のさまざまな日本語訳を見ると、キリスト教的な色合いをやわらげているものが多いようです。その上で、つらく苦しい行き詰まりの経験に対して、思いがけない恵みが訪れることが強く伝わる訳になっています。

一方で、この歌詞を書いたジョン・ニュートンは、一度は宗教から離れ、再び信仰をわがものとするという再生の経験をしています。これは多くの近代人・現代人の経験に重なるものでもあるでしょう。信仰はもっていなくても、「救い」の教えを根底にもつ歌詞に深く心を打たれるのは、その一例です。だからこそ、この「アメイジング・グレイス」はこれほど広く世界各地の人々の心を捉えたのではないでしょうか。

僕が君を支えよう――「明日に架ける橋」

最後に紹介するのは、アメリカのフォーク・デュオ、サイモン&ガーファンクルの「明日に架ける橋（Bridge Over Troubled Water）」です。この歌は一九七〇年に発表され、世界中で大ヒットしました。はっきりと宗教的な「救い」を描いている歌ではありませんが、実はこの歌も、宗教的な思想に根差したゴスペルに影響を受けているといわれています。

この歌の歌詞では、生きるのに絶望し、疲れ果てている人に語りかけるような言葉が続きます。自分はもう生きている値打ちもない、みじめでちっぽけだと感じ、ただ涙が溢《あふ》れてくる。そんな人に向けて、私があなたの涙を拭《ぬぐ》ってあげよう、と語りかけています。誰も助けてくれる人はいない、ひとりぼっちで苦しみに耐えていかなくてはならない、そんなことは自分にはできない――そんな悲歎《ひたん》に暮れている人に、私がいるよ、激しい流れに架かる橋のように私の身を捧げてあげる、このように歌っています。

続く二番では、夜の街角でひとりきりのあなたに向けて、暗闇のなかですべてが苦しみと感じられるとき、私があなたの支えになると歌われ、三番ではいまこそあなたが輝くとき、そんなときもひとりきりじゃない、私がすぐ後をついていくと、立ち上がる「あなた」を後押しする言葉が歌われています。

この歌は、とてもつらい状況にある愛する人を自分が犠牲になって助けるという歌です。こうした「あなた」に語りかける歌には、最愛の人への語りかけと、神への語りかけが、交じり合っているようなところがあります。人間同士の愛が、ある度合いを超えると神への祈りに通じるものになる。「明日に架ける橋」は、神からの語りかけのように聞くこともできる歌のひとつだといえます。

この歌の歌詞は、スワン・シルバーストーンズという黒人ゴスペルグループが歌い、一九五九年に大ヒットした「Mary Don't You Weep」の影響を受けているといわれています。そこには、「地上の難儀はもうすぐみな終わる」「私の名を信じるなら、私は深い水に架かるあなたの橋になろう」という内容の言葉が見られます。「泣くなマリア」という題が示唆するように、このゴスペルソングは「ヨハネによる福音書」十一章でイエスがきょうだいラザロの死を悲しむベタニアのマリアをいたわり、ラザロを蘇らせる場面を背景にしているとされます。そこには「もし信じるなら、神の栄光を見ると言ったではないか」という一節があります（聖書協会共同訳、二〇一八年）。まさに救いのメッセージです。

いまも支持される「救い」の表現

このように、現代の世界で、そして日本で広く愛好される歌の詞にも、かつて宗教がもっていた「救い」の理念が見られます。それは人間の痛みや苦しみを強く意識し、その向こう側のやすらぎを思い描くという心性に合致しています。人間の弱さこそが「救い」を願う心の背後にあるもののようにも思えます。しかしまた、この世の現実においてはなかなか得られない、十全な心の自由や倫理的な理想に向かう心の羽ばたきを鼓舞《こぶ》するものでもあります。つまり「救い」は、慈愛や謙虚さなどの精神的な価値の高みやいのちの尊さの体得につながる理念でもあるのです。

ここまで見てきた物語や詩歌が生まれた十八世紀から現代にかけての時代は、キリスト教や仏教などの伝統的な宗教の力が後退していった時期と重なっています。しかし、それらの宗教が核とした「救い」の理念、あるいはそうした宗教のなかで培《つちか》われた「死を超え、悪を超える」ことへの想像力は、これらの物語や詩歌のなかに生き続け、現代の私たちの心に届くものになっています。物語や詩歌以外にも、小説、映画、アニメ、漫画などさまざまなジャンルにおいて、宗教的なテーマや「救い」の主題、あるいはその変奏を含んだ作品が人気を博しています（カーペンター『秘密の花園』、大澤千恵子『見えない世界の物語』、島薗進『宗教を物語でほどく』）。

もちろんこれらの作品は「救い」の信仰を人々に求めているわけではありません。「救い」の信仰によってこそ得られると信じられていたあるべき人間のあり方、生き方がそのまま是《ぜ》とされ、従うべきものとされているわけではない。それはそのとおりです。しかし、「救い」の信仰を通して得られると信じられた、苦難や悲しみに耐える力、深いなぐさめや希望、そしてより良き生への意欲を促すような語りかけがそこに響いているとはいえるでしょう。さらに、苦難や悲しみを負って生きる人間同士としての共感、また、その共感を踏まえてともにより良き生へと歩んでいくことへの呼びかけも含まれているといってもよいかもしれません。

一般的には、とくに経済先進国では「救い」を掲げる宗教の力は後退したといわれるけれど、そうした宗教が大事にしてきた主題はいまも私たちの心に響いている。この章で紹介してきた物語や詩歌は、そのことを証しているように思います。

では、そのような「救い」の観念を育んできた宗教は、いつ、どのようにして起こったのか。そして、なぜこれほどの影響力をもつようになったのでしょうか。第2章では、その歴史をひもといていくことにします。

第2章

「救い」に導かれた人類社会

——歴史のなかの救済宗教

「創唱宗教」と「自然宗教」

この章では、「救い」の教えをもつ宗教――「救済宗教」の歴史について考えていきます。この大きなテーマを取り上げるにあたって、まずは一冊の本を紹介することから始めます。

一九九五年三月、オウム真理教による地下鉄サリン事件が起こりました。朝の通勤時間帯の東京の地下鉄車内で、オウム真理教の信者により神経ガスのサリンが撒《ま》かれ、十四人が死亡、六千人以上が被害を受けた無差別テロ事件です。サリンの製造やテロの実行に関わった信者の多くは、大学で化学や医学を修め、大学院に在籍するなどしたエリートというべき若者たちでした。

この事件が起きたとき、多くの日本の人々は戸惑いました。なぜ優秀な若者があのような〝カルト宗教〟に熱心に関わったのか。彼らの声に応えられるものはほかになかったのか。日本人にとって宗教とはいったい何なのだろうか。

当時、そうした問いに答えようとするものとして、宗教に関する本が数多く出版されましたが、そのなかでもおそらく最も多くの読者を得たであろうものが、阿満《あま》利麿《としまろ》『日本人はなぜ無宗教なのか』（ちくま新書、一九九六年）でした。

この本は、日本人の宗教観を探るにあたって、日本では多くの人が「自分は宗教から遠い、あるいは無宗教だ」という意識をもっているが、「無宗教である」とはどういう意味なのかを問うことから出発します。

文字通りまったく宗教に関係ない生活を送っているのか、あるいは欧米で一定の影響力をもつ「無神論（世界の説明原理として、神や超自然の存在、超越的な概念を必要としないとする、あるいは積極的に否定する立場）」のように宗教を積極的に否定しているのか。

実態はそうではありません。たとえば、初詣《はつもうで》にはたくさんの人が出かけ、お盆やお彼岸の墓参りにも多くの人が行っている。神社のお札やお守りなどを大事にしたり、仏壇に手を合わせたりする人も多い。さらには、信仰しているわけではないキリスト教に由来するクリスマスを熱心に祝う。こうした状況を考えると、「日本人は宗教にまったく関心がない」とはいえないでしょう。

阿満は、このような日本人の宗教心を分析するには、「創唱《そうしょう》宗教」と「自然宗教」という区別を導入するとわかりやすいと述べています。「創唱宗教」とは、「特定の人物が特定の教義を唱えてそれを信じる人たちがいる宗教」(『日本人はなぜ無宗教なのか』)のこと。つまりその宗教の「創唱者」が歴史上存在し、その創唱者が究極の真理を明らかにしたことによって人類が大きく変わった、と考える宗教です。キリスト教、仏教、イスラームなどがこれにあたります。

これに対して「自然宗教」は、「文字通り、いつ、だれによって始められたかも分からない、自然発生的な宗教」(同前)を指します。これは必ずしも自然を崇拝する宗教に限りません。たとえば死者を尊ぶ祖先崇拝なども自然宗教とされます。自然宗教とは、創唱宗教がある段階で人類によって創造されたものであるという意味で「自然を超える働きによる宗教」と捉える場合に、それ以前に自然に成り立っていた宗教、という意味合いで理解できるものです。

阿満は、日本人の宗教心について考える場合、「創唱宗教」をモデルにすると宗教には縁遠いということになるが、「自然宗教」との関係で考えると、決して宗教への親しみは少ないとはいえない、としています。

宗教といわれるものをみな同じものと考えるのではなく、その特徴に応じて分けて考えると、宗教に対する理解が進む。そのことがこの本からよくわかります。また、宗教を複数の種類に分けた場合、「創唱宗教」と呼ばれるものが、一般的なイメージとして〝宗教らしい宗教〟と認識されている傾向があることも、あらためて知ることができます。

「世界宗教」「歴史宗教」「救済宗教」

「創唱宗教」の代表としてキリスト教、仏教、イスラームを挙げましたが、これらの宗教はまた「世界宗教」とも呼ばれます。地域・言語・民族的出自などをともにする人たちだけに信仰されるのではなく、それらを超えて世界中に支持する人たちがいる。どのような人たちにも訴えかけるところがあり、地域や集団の枠を超えて受け入れられている。そうした「普遍主義」的な特徴があるということが、「世界宗教」という言葉には示唆されています（増澤知子『世界宗教の発明』）。

「歴史（的）宗教（historic religion）」という捉え方もあります。これは第3章で紹介するロバート・ベラーという宗教社会学者の捉え方によるもので、「歴史的に記憶すべき重要な役割を果たした宗教」という意味が込められています。

このように、キリスト教、仏教、イスラームにはさまざまな捉え方がありますが、もう一つ、「救済宗教」という呼び方があります。個人あるいは共同体の「救い」を重視する宗教という意味で、宗教学の分野においてはこの「救済宗教」という言葉が最もよく使われています。ですので、ここからは「救済宗教」という言葉を使いながら、阿満が「創唱宗教」と呼んだものの特徴を見ていきます。

一つ補足しておくと、「救済宗教」という言葉と概念自体はキリスト教の文化圏で成立したものです。第3章で詳しく解説しますが、ここでは差し当たり、キリスト教が最も典型的な「救い」の宗教である、ということを念頭に置いていただければと思います。

キリスト教の「救い」

キリスト教における「救い」とは何なのでしょうか。

キリスト教といえば、十字架にかけられたイエス・キリストを思い浮かべる人も多いと思います。キリスト教では、イエスは十字架にかけられることによって、人類がそのために苦しまなければならない罪を贖《あがな》ったとされます。「贖う」とは、悪いものを代わりに担って解放してくれることをいいます。

十字架での死と、そこから復活に至るイエスの行動と教えを弟子たちが記録して伝えたのが『福音書』で、ユダヤ教を引き継ぐ『旧約聖書』の教えが更新されて、新たな救いの教えを記した『新約聖書』の中核となる聖典です。イエスは人類の罪を背負って清めるという、人類史の大いなる転換をもたらした存在です。そのことを信じ、またその教えに従うことで、罪人《つみびと》である私たちは救われる。キリスト教はこのように説きます。罪や苦しみを免れない人間ですが、それらから脱しうる心の次元がある。そして、それはイエス・キリストを救い主と信じ、その教えに従う生き方によって得られる、という信仰です。

また、イエスはその死後に復活し、さらに天に昇ったとされます。すなわち彼は、普通の人間を超えて、この世の束縛を超える心の次元を体現した存在です。イエスは神の子であり、また神そのものでもあるというのです。これが後に、父・子・聖霊は唯一の神が三つの位格を取ったものとする「三位一体《さんみいったい》」の教義になっていきます。

イエスが人類の罪を贖ったことを信じることと、イエスが神であることを認めること。この二つが、キリスト教の「救い」の最も基本にあるものです。そのことを信じて、『聖書』の教えに従って生きていくことで、人は死後、神のみもとに召され、永遠の生を受けるとされます。それを世の終わりに神が下す「最後の審判」の後のことだとするのが正統的な信仰です。最終的な救いはいまあるこの世が終わる時（終末）においてこそ実現するというのです。

仏教の「救い」

では、仏教ではどうでしょうか。

仏教は紀元前五世紀、インドのゴータマ・シッダールタという人がこの世の苦し

「救い」にまつわる宗教の言葉①

主の祈り

天におられるわたしたちの父よ、

み名が聖とされますように。

み国が来ますように。

みこころが天に行われるとおり地にも行われますように。

わたしたちの日ごとの糧を今日もお与えください。

わたしたちの罪をおゆるしください。わたしたちも人をゆるします。

わたしたちを誘惑におちいらせず、

悪からお救いください。

アーメン。

「主の祈り」は、主(神)であるイエスが弟子たちに教えたのでこのように呼ばれ、キリスト教徒のあいだで宗派にかかわらず最も広く唱えられている祈り。「悪からの救い」を求める祈りで結ばれる。

※上記は、現在の日本カトリック教会で用いられているもの。

みに気づき、そこから解放される方法を悟って、ブッダ（悟りを開いた人）と呼ばれるようになり、その悟りを人々に広めるようになったことで起こったとされます。

仏教の教えは究極の悟りを得て涅槃《ねはん》（ニルヴァーナ）へと至ったブッダの説法を伝えるとされるさまざまな経典に記されています。そして、その根本は「四諦八正道《したいはっしょうどう》」という言葉で示されます。「諦」とは真理のことで、「四つの真理と八つの正しい道」という意味です。四つの真理の一つ目は「苦諦《くたい》」、人生は苦しみに満ちている、ということを意味します（あとの三つの真理「集諦《じったい》」「滅諦《めったい》」「道諦《どうたい》」については後述）。その苦しみは「四苦八苦」といわれ、生・老・病・死の四つに、愛別離苦《あいべつりく》、怨憎会苦《おんぞうえく》、求不得苦《ぐふとくく》、五蘊盛苦《ごうんじょうく》を合わせたものとされます。

「四苦」のうち、「老い」「病」「死」を免れないことが苦しみである、というのは比較的理解しやすいと思います。ここに「生」が加わっているのはやや解釈が難しいかもしれませんが、生まれてくること、あるいは生きていることそのものに、苦しみが伴うということです。輪廻転生《りんねてんしょう》（サンサーラ）、つまり地獄、餓鬼《がき》、畜生《ちくしょう》、阿修羅《あしゅら》、人間、天の六道に生まれ変わりを続けることは、この苦しみが永遠に続くことを意味します。

仏教では、そのような苦しみの原因を明らかにし（「集諦」）、苦から解放されることが目指されます（「滅諦」）。そのために必要なのが「戒定慧《かいじょうえ》」、すなわち戒律を守り、禅定《ぜんじょう》（心の集中）を行い、教えを理解し知恵を育て、正しい生き方をするということです（「道諦」）。そこに十全な心の自由があり、苦からの脱却へと近づいていけると教えられます。

正しい生き方には、正見《しょうけん》、正思《しょうし》、正語《しょうご》、正業《しょうごう》、正命《しょうみょう》、正精進《しょうしょうじん》、正念《しょうねん》、正定《しょうじょう》の八つがあり、「八正道《はっしょうどう》」と呼ばれます。つまり、「正しくものを見る」「正しい言葉を話す」「正しい態度で生きる」「正しく心を定める」といったことであり、そうした思考や実践を重ねることで、生きることの苦しみの根本である煩悩《ぼんのう》から解放されていく。最終的には苦しみのもとになる心の闇や煩悩から完全に解放されて、最高の悟りを得ること、あるいは涅槃に達し仏になることまでも目指します。

涅槃に達しないうちは苦しみのもとは絶えることがなく、生まれ変わりが続きます。しかし涅槃に達する、あるいは悟りを得ることで、輪廻転生のサイクルの向こう側へ行くことができるのです。これが仏教における「救い」です。自らの力でそうできない場合、仏や菩薩がその境地へ引き上げてくれるとする教義もあります。

これについて、仏教は「救い」ではなく「解脱」を目指すものである、と捉える人もいます。苦しみのもととなる煩悩からの解放ということがその本質ですが、「救い」は人が神に救われるという受け身の行為だが、「解脱」は人間が自ら究極の状態へと積極的に進んでいく行為だ、という考え方です。しかし、前述のように仏の力によってその境地へ近づくとする教義もあり、それらを包括して「救い」と捉えることはできるでしょう。

阿弥陀仏《あみだぶつ》を信じて念仏を唱え、極楽浄土に往生することを目指す浄土教の教えの場合、自力で解脱へ近づくことができない者も「人間を超えた何ものか」の働きによって、悟りや解脱に近づくことができるという考え方が基調をなします。この「衆生済度《しゅじょうさいど》」が仏教の目指すところであるとされますが、「済度」は苦しむ人を救って彼岸に渡らせるという意味で、「救い」とたいへん近い言葉です。

「救い」にまつわる宗教の言葉②

四弘誓願《しぐせいがん》

衆生無辺誓願度
（しゅじょう　むへん　せいがんど）

煩悩無尽誓願断
（ぼんのう　むじん　せいがんだん）

法門無量誓願学
（ほうもん　むりょう　せいがんがく）

仏道無上誓願成
（ぶつどう　むじょう　せいがんじょう）

「四弘誓願」は、仏教においてあらゆる仏・菩薩が悟りを得ようとするときに立てる四つの誓願。その第一が「度」、つまり衆生（生きとし生けるすべてのもの）を悟りの彼岸に渡そうとの誓いだ。関連する熟語に、大乗仏教で広く用いられる「衆生済度」がある。「度」は「渡」の意味で、衆生を悟りの彼岸に渡す、つまり救済することを意味する。
なお、第二は、尽きることのない煩悩を滅しようという誓願、第三は、量り知ることのできない仏法の深い教えを学び取ろうとすること、第四は、無上の悟りを成就したいという誓願を指す（中村元他編『岩波 仏教辞典 第二版』）

イスラームの「救い」

以上のような「救い」の教えが、紀元前五世紀から紀元後まもなくの時期にかけて生まれました。その後、七世紀前半にアラビア半島で、それ以前にあった宗教、とくにユダヤ教とキリスト教の影響を受けながら、イスラームの教えが生まれました。

イスラームの根本には、アッラーとよばれる神の唯一性（タウヒード）があります。そのアッラーの言葉が預言《よげん》者ムハンマドに啓示され、それを記したのが根本聖典である『クルアーン』です。この『クルアーン』と預言者ムハンマドの言行録（ハディース）にのっとってイスラーム法（シャリーア）が定められています。

イスラームでは、ムハンマドこそが究極的な真理を神から受け取り人々に伝えた最後の預言者とされ、『クルアーン』の教えに従って生きることで、死後、終末の時に審判を受け、天国に迎えられて永遠の生を得ることができると説きます。その基本は「六信五行」に集約されます。

六信とは、①唯一絶対の神アッラー、②天使、③啓典《けいてん》、④預言者、⑤来世、⑥予定の六つを信じること、五行とは、①信仰告白、②礼拝、③喜捨《きしゃ》、④断食、⑤巡礼の五つを行うことです。信仰告白とは、「神は唯一で、ムハンマドは神の使徒（預言者）である」と唱えることです。預言者はイブラーヒーム（アブラハム）に始まり、キリスト教の創始者イーサー（イエス）も含まれますが、ムハンマドこそが最後にして最高の預言者で、完全かつ最後の啓示を授けられた人間とされます。

人は終末の時に、墓から復活し最後の審判を受け、火獄《かごく》（地獄）に行くか天国に行くかが決められます。最後の審判では、生前の個々人の善行と悪行を記した書を二人の天使が示し、アッラーの裁きが下されるとされます。天国は緑と水に満ち溢れた理想郷で、そこでは酒も美食も楽しむことができ、憂《うれ》いのない永遠のいのちが得られますが、火獄に落ちると永遠の責め苦によって苦しむとされます。

最後の審判後に永遠の生を得るというプロセスは、キリスト教と共通です。しかし、キリスト教では十字架にかけられたイエス・キリストによって人々の罪が贖われるという教義が中核にあるのに対して、イスラームでは預言者ムハンマドがアッラーから受けた啓示と預言者ムハンマド自身が示した正しい生き方をすることによって、天国での永遠の生という報いを受けると信じます。現代のキリスト教徒のあいだでは、このような来世での救いを字義どおりに信じるかどうか、宗派や人によって考え方が分かれるところだと思いますが、イスラームの信者のあいだでは、天国での永遠のいのちという「救い」が堅固に信じられています。

「救い」の教えの特徴

救済宗教が掲げる「救い」の教えには、いくつかの共通点があります。一つは、「永遠のいのち・永遠の平安」という考え方です。キリスト教では、神とともに生きることで永遠のいのちが得られると説きます。仏教が目指す涅槃は、永遠のやすらぎの状態ということができるでしょう。両者のニュアンスは少し異なりますが、限りあるいのちを超えた高次のいのちに参与するという観点は共通しています。

高次のいのちへの参与とは、「人間としてのさまざまな限界を超えた魂の状態に達すること」と言い換えることもできます。この世でそこに向かっていこうとすることがそもそも「救い」の始まりだと考えれば、「救い」は生きているあいだにも何らかのかたちで体得されていると捉えることができるでしょう。

「人間のさまざまな限界」とは、つづめていうと「悪」と「死」です。「悪」には犯す悪と被《こうむ》る悪があり、これは「罪と苦」と言い換えることもできます。他者を傷つけたり、傷つけられたりすること、また身体的・心理的・社会的な、さらには生きる意味といったような魂のレベルでの苦しみを避けられないのが人間です。しかし、それを超えていくことができる、そこに救いがあるということです。

良き生のあり方

人が救いに与《あずか》るにはどうすればよいか。この問いにどう応じるかも救済宗教の基本的なメッセージです。まずは、神や仏、あるいは教祖を救いの源泉と信じることが求められます。教祖、あるいはそれを引き継ぐ聖者・宗祖などとともに、この世の通常のものごとや人の力をはるかに超えた何かが現れたこと、それをもたらした至高の人（人々）の尊さを信じることがその核心にあります。教祖崇拝（崇敬）と救済宗教は一体となって広まり、持続してきました。そして、祈る、戒律に従う、悔い改める、悪や罪から離れる、愛や慈悲をもって生きる、修行により自己変容を行う、人格の向上に努める、などのことが求められます。集約すれば、悪や罪から離れ、より良き生を目指して生きるということでしょう。

そのためには現世的な欲望の満足や利益追求という通常の判断基準を超え、神や仏の意思や神聖な法に照らした判断がなされなければならない。現世的な利益を超えた高次の精神的価値に照らした生き方が求められ、救済宗教の諸伝統のなかでそれが受け継がれてきました。

しかし、時代の変化につれて、何を信じるか、また、あるべき「良き生」の像が変化し、同じ宗教伝統のなかでも考え方の違いが露わになります。現代はこうした不一致が目立ち、人々がとまどう事態も増えています。

死を超える

次に「死を超える」という意味での「救い」ですが、「他界《たかい》」と「死後審判」の存在への信仰が救済宗教には広く見られます。限りあるいのちを超えたいのちに参与する。死の向こう側にさらに永遠のいのちの世界があり、そこにおいてこそ救いが達成される。さらに、死後に救われるかどうかの審判がある場合も多い。審判があるということは、そこで「救われない」と判断される場合も想定されており、「地獄」のような、永遠の苦しみという観念も伴っています。

死後審判という観念はゾロアスター教に由来するといわれています。ゾロアスター教は、仏教やキリスト教より少し早い時代（紀元前六世紀頃）にペルシア（現在のイランの辺り）で成立した救済宗教で、この世は善神と悪神の闘争の場であるという善悪二元論を説いています。

日本の仏教では、浄土信仰が死後の救いという考えを広めました。仏教では、永遠のいのちが維持されるような世界（仏国土《ぶっこくど》、浄土）が信じられるようになり、そのうち、遠く西の方にあるとされるのが、阿弥陀仏のいる西方《さいほう》極楽浄土です。そこに生まれ変わると仏になれると説いたのが浄土信仰で、日本の仏教思想に大きな影響を及ぼしました。

他界観の諸相

救済宗教以前の自然宗教にも「死を超える」という要素がないわけではありません。死者や先祖を尊ぶために儀礼を行う信仰は、無文字文化の時代からありました。日本でも他界の存在への信仰は仏教の到来以前からありました。地下の他界、海の彼方の他界、山中の他界に関わる話は、『古事記』や『日本書紀』にも見られますし、『竹取物語』や浦島太郎のような物語、各地の神社の縁起《えんぎ》、琉球やアイヌも含めた各地の民間伝承のなかにも見られます。

これに対して「救い」の信仰と結びついた他界観は、この世の限界を超えた高次のいのちと結びついたもので、あらゆる「悪」から解放された他界が想定されています。また、この世での罪を負って永遠の苦しみを被る他界も同時に想定される場合が多い。「地獄」とは「救いのない世界」ともいえるでしょう。キリスト教、仏教、イスラームのいずれもで地獄の観念が大きな役割を果たしました。「救い」の宗教が最も広く受け入れられた中世と呼ばれる時代には、天国・浄土と地獄という対照的なあの世の併存が信じられていました。

しかし近代になると、科学的な知識が広がり、また学校教育が浸透することで、死後に別世界（他界）があってそこで救いが実現するという観念は、次第に受け入れられにくくなります。この変化に伴い、永遠のいのちにどう与るかのイメージも多様になっていきました。

たとえば、心のなかに永遠のいのちがあると考える。あるいは、愛する人との断絶がないような幸せな心的状態を永遠のいのちだと考える。キリスト教などではそのような捉え方が出てきました。日本の浄土信仰でも、極楽往生というものを物理的な場所に行くことと考えるのではなく、ある種の心の状態、あるいは理念的な何かとして捉える傾向が出てきました。一方、イスラームの場合、多くはいまも聖典『クルアーン』に書いてあるとおり、死後の報いはあるという信仰が堅固に続いています。

普遍主義

ここまで見てきたように、「救い」の宗教は一人ひとりの人間に、どこに永遠の真理があるのか、それに向き合いひとりの人としてどのように生きていくべきかを教えるものです。「救い」の信仰は「個人」という意識を際立たせるところがあります。そして、地域や民族などの限られた範囲を超えて、すべての人間が当事者となるはずの真理を説くという意味で普遍主義的です。

しかし、それはまた他者との関わりのあり方についても教えています。つまり共同生活や社会のあり方についての教えという面も含みます。救いの信仰は個々人が自ら選び取ることを求めますが、そうした信仰を受け入れる人々が構成する共同性、社会性をも方向づけるものです。「救い」の信仰は、すべての人の尊厳と、どんな人をも排除しない態度を促すという側面をもっています。それは、血縁・地縁等の近さ・遠さで人を差別しないだけではなく、仲間と外部者、強さ・弱さでも差別をしない、どのような人をも同じ「個人」、同じ「人間」として遇することを求めるということです。

人と人とが敵味方で争う、それぞれ仲間の利益を主張し対立し、暴力にも至るという社会のあり方に対して、それとは異なる「あるべき個人同士の関係」を求めます。これはどんな人をも差別・排除することなく、「個人」「人間」として尊ぶという姿勢につながるもので、普遍主義的な倫理といえます。新たな倫理性によって、親族関係や民族や国家の枠を超えて、人々の新たな交わりのあり方を促すものです。

それはまた、他者に積極的に働きかけて、真理を広めていくという姿勢を伴います。ところが一方で、これが「救い」の宗教の攻撃性や拡張主義にもつながります。差別・排除を否定するはずの「救い」の宗教ですが、「救い」を受け入れないものを蔑視《べっし》したり、抑圧したりする姿勢を強める働きが生じるのです。

実際に、救いの宗教の支持者が真理を掲げて、それを受け入れない敵と戦うという事態が歴史上、度々生じました。たとえば、帝国の勢力拡大や植民地主義と救済宗教は手を携えることがありました。「異教徒」や「異端派」に対する抑圧は、救済宗教の歴史から消し去ることができないものです。普遍主義的という特徴をもつ救済宗教には、排他主義が伴い、攻撃的になることも少なくないのです（キリスト教については、石川明人『キリスト教と戦争』）。

共同体の救い

「共同体の救い」「みんなの救い」という信仰が大きな位置を占める場合があることも「救い」の信仰の一面です。災害、戦争、暴力的な支配などで多くの人が苦しんでいるときは、苦しい状況をともに背負わなければいけない人たち、すなわち共同体全体が救われることへの期待が高まります。つまり「この世」が救われた状態になることへの信仰です。救済宗教にはこうした共同体の救いという観念が伴うことが多いのです。

ユダヤ教はそもそも民族の救いという観念が強く、個人の救いは後代に付加されたものであり、救済宗教と呼ぶかどうか見方が分かれるところです。ユダヤ教の影響を受けながら展開してきたキリスト教やイスラームには、個人の救いという側面が明確にあります。しかし、ユダヤ教もキリスト教もイスラームもこの世で神の国が実現するという信仰を伴っています。「キリスト」という言葉はギリシア語で「救世主」「救い主」と訳されることが多いのですが、もとのヘブライ語では「油を塗られた者」を意味する「メシア」です。「油を塗られた」というのは王のしるしでしたが、理想的な統治をする王という意味から、さらに世を救う神的存在という意味になりました。

「メシアニズム」とは救い主がこの世に出現し、すべての人を苦難から救うときが来るのを待望する信仰です。キリスト教はユダヤ教のなかから生まれてきたこのメシアニズムを土台として成立した救済宗教ですから、キリスト教とその周辺では後代にもメシアニズム運動が繰り返し発生しています。またユダヤ教とキリスト教と関わりが深いイスラームは、そもそも共同体の救いと個人の救いを切り離さないで考えるところに特徴があります。イスラームにも「マフディー」とよばれる救世主を待望する信仰があります。

仏教でもこの世に理想的な仏国土を実現しようとする信仰があります。「転輪聖王《てんりんじょうおう》」とは仏教による理想的な社会をこの世に実現する帝王を呼ぶもので、古代インドのアショーカ王がモデルです。また、東アジアでは「弥勒下生信仰《みろくげしょう》」がしばしば活性化しました。弥勒仏（弥勒菩薩）が兜率天《とそつてん》という仏土からこの世に降りてきて、すべての人々を幸せにし、悟りに導くとする信仰です。

救済宗教の諸側面

「救い」といっても、個人の救いの次元と、共同体あるいは人類全体の救いの次元があり、後者が目立つ場合もあるわけです。この点では第1章で見た宮沢賢治の二つの作品、「よだかの星」と「グスコーブドリの伝記」との違いが参考になります。前者では個人の救いの側面が際立っており、後者では共同体の救いの側面が濃厚に見て取れます。宮沢賢治が親しんだ日蓮の教えでは、日本の国家・国民の救いという要素が大きく、彼の創作した物語にもそれが反映しています。

「共同体の救い」が掲げられる場合にはとくにそうですが、救済宗教には集団の結束を高める働きがあります。個人の救いに力点がある場合でも、信仰者同士は同じ教えを信じる者として強いアイデンティティをもち、教祖や聖者、指導者に対する崇拝が顕著に見られます。信者としてのアイデンティティと教祖や指導者への崇拝がもたらす連帯感は、救いの宗教を支える大きな心情的側面です。教祖や指導者への崇拝を通じて、ときには熱い連帯感を伴う集団行動が促されます。また、集団のために犠牲になることが高い意義をもつこととして尊ばれ、実践されることもあります。「殉教《じゅんきょう》」は救済宗教の歴史上、しばしば見られるものです。

仏教にも「捨身供養《しゃしんくよう》」といって、わが身を火で燃やして他者のため、真理のために捧げるという伝統があり、現代でもベトナム戦争やチベット紛争の場で行われました。集団の結束が尊ばれるところから、それに反する者を破門したり、異端審問が行われたりすることもあります。キリスト教世界で近世に至るまで行われてきた「魔女狩り」も、救いの宗教がもたらしたものです。救いの信仰が団結をもたらす一方、排除の傾向をもつことについては、すでに普遍主義に触れたところでも述べましたが、第4章でもいま一度取り上げます。

世界のさまざまな救済宗教には以上のような特徴が見られますが、それを概ね備えている宗教もあれば、ある要素を欠いている、という様態もあります。世界的にも影響力の大きいキリスト教、仏教、イスラームという三つの宗教は、いずれの要素ももっていますが、時代や地域によってその現れ方はさまざまです。しかし、「救い」の信仰が中核にあるという点では大きな違いはありません。

いま、世界の総人口は八十億人を超えていますが、そのうちのかなりの割合の人たちが、このような救済宗教の影響下にあるのは事実です。そのくらい広範に、かつ人類史を貫く重要な教えとして、救済宗教は力をもってきたのです。

「救い」の教えを生んだ社会構造

ではなぜ、救済宗教はそれほど大きな力をもち続けてきたのでしょうか。

これは人類最大の謎の一つで、その答えこそが、人類文明における宗教の意義を理解する大きな鍵になるといっても過言ではありません。ここでは人類が築き上げてきた社会構造との関係という観点から、その理由を探ってみたいと思います。

救済宗教が大きな力をもち続けてきた理由の一つに、救済宗教の特徴である「普遍主義」が挙げられます。先ほど説明したように、普遍主義とは地域や民族などの限られた範囲を超えて、すべての人間が当事者となるということです。救済宗教の影響力の大きさを考える上で、このことはとても重要な要素になってきます。

歴史において救済宗教が広まった時期は、広い地域の住民がひとつの国家に組織され、かつ「帝国」という極めて広い範囲にその支配力を及ぼすような国家ができてくる時期に当たっています。北アフリカ、中東まで領土を広げたアレクサンドロス大王のマケドニア帝国や現在の東西ヨーロッパを広く版図としたローマ帝国、そのローマと激しく争い西北インドにも勢力を広げたイランのサザン朝、インドではマウリヤ朝が初めて広大な地域を統一し、中国では秦から前漢、そして後漢へと群雄割拠の時代を制して広大な地域の国家統一が進みました。

そうした時代状況を背景に、仏教は紀元前五世紀頃、キリスト教は一世紀頃に生まれ、その後数世紀を経て、国家とともに広範囲に影響を及ぼす「帝国の宗教」になっていきました。

イスラームはその少し後の時代に誕生しましたが、従来の救済宗教の影響が及んでいなかった地域から影響力を広げ、やがてそれらをしのぐような力をもつようになっていきました。ウマイヤ朝からアッバース朝へとイスラーム帝国の強大化が進んでいきます。広い版図を統一するのに、普遍主義的な救済宗教の教えが適合的だったのです。

精神文化によって武力統治を支える

このような救済宗教の普遍主義的な側面は、伝道主義的であるともいえます。こうした性格が帝国支配と相性がよかったことは確かでしょう。近代に入りヨーロッパ諸国が植民地主義を採ったとき、まずキリスト教の布教者が先導するかたちで軍事的政治的支配の地ならしをしたことも事実です。

このように、救済宗教と帝国の関係には、精神文化によって武力統治を側面から支えるという構造があります。これを可能にしたのが、文字文明と都市文明、そして文武におけるエリートの存在です。古代においては、帝国の軍事的支配が広まると同時に、世界には文字文明が広がりました。この文字文明においては、生活や軍事に役立つ事柄以上に、宗教に大きなエネルギーが注がれました。

救済宗教と帝国の成立と展開

年代	救済宗教の成立	帝国の歴史
	ユダヤ教(中東)、**ヒンドゥー教**(インド)などが成立〈古くは紀元前12世紀頃に遡るともいわれるが、創唱者がいないので、明確な成立時期は定められない〉	
紀元前6世紀	**ゾロアスター教**の成立(ペルシア)	
紀元前5世紀	**仏教**の成立(インド)	
紀元前4世紀		**紀元前**330**年**｜アレクサンドロス大王のマケドニア王国がアケメネス朝ペルシアを征服
紀元前3世紀		**紀元前**260**年頃**｜マウリヤ朝のアショーカ王がカリンガ国を制圧。最大版図を獲得する
紀元前2世紀		
紀元前1世紀		**紀元前**27**年**｜ローマ帝国成立
1世紀	**キリスト教**の成立(西アジア)	25**年**｜後漢王朝成立。後漢時代(～220年)に中国仏教の基礎が築かれる
2世紀		
3世紀		226**年**｜ササン朝ペルシア成立。ササン朝はゾロアスター教を国教とした
4世紀		392**年**｜ローマ帝国がキリスト教を国教に定める
5世紀		
6世紀		581**年**｜隋王朝成立。仏教治国策をとる
7世紀	**イスラーム**の成立(アラビア半島)〈622年が、イスラーム暦の元年とされる〉	661**年**｜初のイスラーム王朝・ウマイヤ朝成立
8世紀		750**年**｜ウマイヤ朝を倒し、アッバース朝成立

※各宗教の成立時期については、厳密には特定できないところがある

一方で、帝国には富が集積し、そこに都市が生まれました。都市に居住するのは王や皇帝の支配力に従う多くの文武のエリートたちです。彼らが、文字文明が伝える救済宗教などの精神文化に習熟し、国境を越えて連携し、武力による統治を側面から支えました。帝国には「宗教が政治を支える」という体制があったのです。

私はいま、救済宗教の本質的な力を、「神への信仰」など宗教側が自ら真理と考えるものではなく、歴史や社会構造から生まれたものとして説明をしています。このような「宗教の説明」は、救済宗教を信仰する人にとってはあまり好まれない考え方です。しかし、政治的支配や経済構造の変化を実証的に説明していく現在の学問的世界史の理解からいえば、否定することはできないと思います。

力の支配のオルタナティブとして

救済宗教が力をもち続けてきたもう一つの理由は、階級社会の成立です。軍事力をもった国家と文字文化をあやつるエリート層が、多数の農民等の生産者や商工民を支配していた社会です。

階級社会にはある種の暴力性が含まれています。支配／被支配の関係が明確にあり、資源をもち行使できる者と資源の乏しい者が存在する。階級社会においては、苦しみの一部はそのような支配構造から生じていると人々は感じ取ります。こうした人為的な支配関係による苦しみと、救済宗教が説く「救い」――この世、あるいは死後の世界には苦しみを超えた何かがあるという教え――は響き合うところがあります。つまり救済宗教は、弱く貧しい人たちにとっては彼らを支えるものになる一方で、支配者の側にとってはそのような人たちを懐柔《かいじゅう》する手段になる。暴力による支配が前提となっている社会で、救済宗教は広まりました。このように、救済宗教と階級社会、また暴力による支配は矛盾するようでいて、相補う関係にあったと見ることができます。

その実例として興味深いのが、先にも名前を挙げたインドのアショーカ王をめぐる物語です。アショーカ王は、紀元前三世紀に初めてインド統一を達成したマウリヤ朝第三代の王です。アショーカ王は父王のビンドゥサーラの死後、長兄スマナを殺害し、また、統一に至るまでの戦争で多くの人々を殺したとされます。そして、王権を掌握《しょうあく》した後、自分が犯してきた暴力の罪を深く反省したといいます。仏教に帰依する人たちが暴力を離れる道を歩む姿に感銘を受けて仏教を尊ぶようになり、それを統治の原理にしたと伝えられています（中村元『宗教と社会倫理』）。

この物語は、帝国的な統治と救済宗教の関わりをよく表しています。帝国的な統治は軍事的な暴力的支配関係を基盤に成立しています。そこで帝国統治は、そのことに伴う根源的なマイナス面、負い目を抱えており、それを何らかの精神文化でカバーし、平和な統治を実現するとともに支配の正当性を裏づける必要がある。そうした精神文化として、救済宗教はうってつけだったでしょう。

これは、救済宗教には力の支配に対するオルタナティブ（代替物）という側面があることを意味します。それは、力の支配に対する対抗的な思想と生き方を示すものでもあり、同時に避け難い力の支配を力以外の方法で正当化するものでもある。この両面性をもつ救済宗教が、長く文明を支える力をもってきました。少し強い言い方をするならば、人類文明は「力による支配」と「それを超えるもの」という概念に取り憑《つ》かれてきた。そのようにも言えると思います。

文明社会に秩序原理を提供する

このように考えてくると、救済宗教はいろいろな意味で「文明社会の秩序原理の提供者」だったと言えます。文明社会の秩序は軍事力だけでは保てない。そこには必ず精神文化が必要だった。この構図において、精神文化にあたるものとして存在した有力なものの一つが、救済宗教だったのです。

文明社会を支えてきた宗教は、キリスト教、仏教、イスラームに限られるものではなく、ほかにも数多く存在します。ユダヤ教、ヒンドゥー教、道教、神道、また文字文化とは結びつかないアニミズムなども、意義のある精神文化だと考えられてきました。

このうちユダヤ教、ヒンドゥー教、道教には「救い」の概念とつながる要素があります。ユダヤ教にはメシア（救い主）の観念が強く、神の意志を伝える預言者が語る宣託《せんたく》も、救いの教説に近いものといってよいでしょう。

中国では、貧しい庶民を救おうとしたり、末法の世から人々を救済しようとする宗教団体が、王朝（＝支配者）を倒す勢力になることがしばしばありました。近現代の例でいうと、清の時代に大規模な反乱を起こしたことで知られる太平天国、反共産主義の思想を掲げた一貫道《いっかんどう》、気功（中国の伝統的な民間療法）を基盤とした集団・法輪功《ほうりんこう》などがあり、制圧されましたが、これらはいずれもキリスト教、仏教、道教などの「救い」の信仰の影響を受けています。

一方、文明社会の有力な秩序原理の提供者がすべて「救い」の宗教だったかというと、もちろんそうではありません。文明史上、救済宗教が生まれたのと同じ時期に、そのほかにも精神文化とつながる組織的な知が生まれました。ギリシャにおいては哲学があり、中国においては儒教がありました。これらは救済宗教とは違うものでしたが、同じように帝国的な支配を支える精神文化と知的伝統の源泉として機能してきたのです。

日本における救済宗教

ここまで、救済宗教とは何か、その特徴や、なぜそれが長い歴史にわたって文明社会に秩序原理を提供するものであり続けてきたのか、ということを見てきました。本章のはじめで指摘したように、救済宗教の最も典型的なものはキリスト教です。そのため、ここまでに示した救済宗教のモデルは、他の救済宗教には完全には当てはまらないものもあります。

そこで、ここからは日本における救済宗教に焦点を当て、その歴史と位置づけを詳しくたどってみたいと思います。ここではとくに、国家（天皇や将軍）と宗教がどのような関係にあったかに着目します。キリスト教世界、とくに西欧では、教会と国家が並び立つという関係が長く成立していました。すなわち、教会が国家から独立し、一つの体系をもっているというかたちです。しかし世界的に見ると、宗教は必ずしも国家から独立していなかったり、それに対峙《たいじ》する力はもっていなかったりします。日本の救済宗教はどうだったか。西欧のそれとは異なる国家との関係の歴史がありました。

仏教と神道の関係

日本には五三八年、欽明《きんめい》天皇の時代に、仏教が入ってきたとされています。しかしその直後に、豪族のなかでも仏教を積極的に導入しようとする蘇我《そが》氏と、神道を支持する物部《もののべ》氏のあいだで争いが起こります。このように、日本の精神文化の基軸は仏教だけではありませんでした（島薗進『教養としての神道』）。

たとえば、七世紀後半の天武・持統天皇の時代、日本は中国に対抗できる国家体制を整えようと律令《りつりょう》制を導入しました。律令制は天の命を受けそれを儀礼によって示す皇帝と、儒教の素養をもつ官人による統治を支える制度です。ところが日本の律令制では、太政官《だいじょうかん》という政治組織と並んで神祇官《じんぎかん》という儀礼組織がつくられます。これは朝廷や諸国の祭祀《さいし》を司る官庁で、国家の祀《まつ》りを国の柱にしようという体制ができたことを意味します。『古事記』や『日本書紀』にまとめられた記紀神話の成立、伊勢神宮の創設もこの頃という説が有力です。

これは、朝廷の支配の正当性を、天皇の支配権を説明する神話や、それを支える祀りによって確保しようとするものです。律令制は儒教に基づいた中国の官僚国家体制を手本にしてはいるのですが、このように日本独自の神祇祭祀もそこに組み込まれました。ここで重要なのは、この時期の神祇信仰は神道と呼ばれるほどの統合性をもった場合でも、その中核に「救い」の観念があるわけではないということです。神道における救いの観念は、中世以後に次第に整ってきて、やがて伊勢神道、吉田神道、近代になると大本教《おおもと》など救済宗教的な神道集団も成立するようになります。しかし、遠隔参詣が盛んになるようなおおかたの救いの神の信仰は、神仏習合のかたちで仏教の影響下で形成されてきたものです。

国家的な神道祭祀のかたちを整えた天武・持統両天皇は、仏教の導入にも熱心でした。この時期から、救済宗教としての仏教が日本の精神文化の主要な要素となり、その影響を強めていきます。八世紀前半の聖武天皇の時代には奈良の大仏が造られ、全国に国分寺が建立されました。この時期に、全国の神社に神への捧げもの（幣《へい》帛《はく》）を届ける班幣《はんぺい》という制度ができましたが、これは長続きしませんでした。全国を統合する宗教制度としては仏教の方が有効だと考えられるようになり、次第に仏教の占める位置が大きくなっていきました。しかし神道組織の基盤の一つがここで築かれたのは確かです。

宗派仏教の発展と民衆への広がり

奈良時代から江戸時代に至るまで、日本の国家は社会秩序を支える精神文化として仏教を頼りにしてきました。しかし、日本では仏教組織が多元化していき、統一された教団としての仏教とともに、多様な支持層をもつ仏教集団が併存する方向へと展開していきます（島薗進『日本仏教の社会倫理』）。

鎌倉時代になると、法然《ほうねん》、親鸞《しんらん》、日蓮、道元《どうげん》といった独自の信仰理念をもった仏教指導者が何人も現れ、いわゆる鎌倉新仏教が起こります。それ以前の平安時代に活躍した最澄《さいちょう》、空海《くうかい》も含め、仏教の諸宗派を開いた彼らを信仰する「祖師崇敬」が強くなっていく過程の始まりでした。仏教のおおもとの教祖（創唱者）ではなく、宗派の祖（祖師）にこれほどの信仰が集まったのは、日本の仏教に特有の展開です。

その後も仏教は社会に大きな影響力をもち続けましたが、祖師崇敬などの影響で、全体としては各宗派の独自性が強まり、「宗派仏教」になっていきました。これは逆にいうと、仏教教団全体としての統合がうまくいかなかったということでもあり、仏教諸勢力が一体となって国を支えるという体制にはなりませんでした。

その端緒となったのが、法然が広めた浄土宗です。法然は、奈良の興福寺や比叡《ひえい》山延暦寺《ざんえんりゃくじ》など、当時大きな社会勢力を形成していた寺社（南都北嶺《なんとほくれい》）から離れて浄土宗を開きます。諸階層の人々がその独自の仏教理解を受け入れ、法然の弟子を自覚する集団が広がります。その他の宗派仏教でも、これにならうように祖師を軸とする師弟関係が強まり、それを基盤とする宗派的集団が発展していきます。

室町時代には禅宗を中心とした新たな寺院勢力によって国家統合を支えようとする動きもありましたが、仏教教団全体のなかで大きな力をもつには至りませんでした。こうして仏教は、地域社会の民衆にまで広く深く浸透したものの、国家的な宗教としては次第に弱体化していきます。一向一揆《いっこういっき》が典型ですが、小規模農家などの民衆が支え手となる仏教教団が成立したのは日本仏教の特徴です。

近世以降の国家の神聖化と仏教の位置

十六世紀になり、仏教集団が武士による国の統治の邪魔になると考えた織田信長は、こうした仏教勢力を激しく攻撃しました。同時に行われたのが、武士がもつ世俗権力の神聖化です。織田信長は自らを神格化しようとしたという説がありますが、豊臣秀吉は実際にあらゆる宗派の僧を集めて自分の先祖の供養をさせる「千僧供養《せんぞうくよう》」を行うなど、仏教界をこの世（現世）の権力に奉仕させる体制をつくろうとしました。

そして天下を統一した徳川家康は、仏教を統治に利用する姿勢を強める一方、自身の死後、「東照宮」という神社に祀られる神になりました。徳川幕藩体制は、皇室や儒教も尊び、国家と権力者の神聖化を押し進めたわけですが、これは神道と結びついた天皇が神聖化された明治時代へとつながるもので、この世の国家の神聖化を先取りするものです。先ほど、救済宗教は力の支配に対するオルタナティブを示すとともに支配秩序を補完する機能を果たすと述べましたが、日本の仏教では十六世紀から十七世紀にかけて、後者の側面が強化される一方、国家秩序（現世の権力機構）に対してオルタナティブな理念を示す機能が大きく後退していくことになります。

そして江戸時代の日本では、中国の明・清の儒教国家モデルにならいながら、神道と儒教が習合したような垂加《すいか》神道や水戸学などが影響力を強め、統治側に立つ武士らが尊ぶ精神文化によって政治体制が神聖化されるというかたちが育っていき、明治時代の天皇の神聖化につながっていきます。その一方で、仏教という救済宗教はますます民衆の側に広まっていき、国の支配秩序への影響力は弱まっていきました。

草の根化した救済宗教

ここまでの流れをまとめます。日本においては、近世は、支配秩序と救済宗教のあいだに距離が生まれ、救済宗教は多元化しつつ、統治される側のものとなっていく傾向が目立ちます。このように救済宗教が国家体制に従属する傾向は、日本に限らず東アジアに共通して見られたものでした。支配者側からすると、仏教は迷信であり間違った知識だけれど、民衆の心の安定には役立つ。だからその役割を果たしてもらうために仏教を利用する。これが安土桃山時代から明治維新へと至る時期の展開です。

他方、「救済宗教の多元化と民衆化」は同じ時期にキリスト教世界の一部でも起こったことでした。西方キリスト教世界では、教会権力への批判から十六世紀に宗教改革が起こりましたが、その後に生まれたさまざまなセクト（分派）の担い手は、次第に諸階層、ひいては庶民層に移っていきました。米国のような地域では、近世から近代にかけて救済宗教の担い手がエリート層から民衆へと移行し、多元化していくという傾向が顕著に生じました。

日本では近世以降、キリシタン禁制と仏教宗派の統制の影響もあって、民衆が担い手の新しい救済宗教の集団が展開する傾向が生じ、次第に拡大していきます。念仏講《こう》、日蓮宗の法華講、富士講などの講集団がその例で、こうした集団が救済宗教の草の根的形態を新たに育てていきました。これが、このあとに見る十九世紀以降の新宗教の発生へと展開していきます。北米、ブラジル、韓国など、他の国でもその傾向はあるのですが、なかでも日本は、草の根の救済宗教が最も組織されやすい地域となったのです。

救済宗教が多元化・民衆化した日本

なぜ、日本では救済宗教が多元化また民衆化し、草の根の救済宗教が出てくるようになったのでしょうか。それは、日本の中世から近世が封建社会であったことと関係します。封建制とは、簡単にいうと、中央政府が諸国をそれぞれ領主に統治させる政治制度です。いわゆる地方分権型の統治の制度で、中央集権制と対になるものです。

私は先ほど、日本の仏教の特徴に祖師崇敬があり、それは鎌倉仏教によって大きく展開したと述べました。鎌倉仏教が大きな勢力となっていくのは、室町時代以降です。多くの寺が、師弟関係を基盤とした本山《ほんざん》と末寺《まつじ》の関係に組織化されていきます。このように本末関係で組織化されていく仏教宗派の隆盛と封建制のつながりを指摘したのは、倫理学者の和辻哲郎《わつじてつろう》です。和辻は、封建制における主君と家人の主従関係と、そこで形成される人と人とのあいだの強い信頼関係が、鎌倉仏教の教えに反映しているといいます。たとえば、南無阿弥陀仏とひたすら唱えれば誰でも救われると説く法然の浄土宗です。和辻は、家人が主君を「たのむ」、主君が家人を「たのむ」倫理意識のあり方と、ただひたすら阿弥陀仏を「たのむ」浄土教の態度には「相通ずるもの」があると指摘しています（島薗進『日本仏教の社会倫理』）。

諸宗派の側も、それぞれの宗派の外護者を地方のリーダー層に求める傾向がありました。それは、その後の日本の仏教の地方への普及につながっていきます。それを受けて仏教の民衆化も進みました。民衆化が進んだのは、十五世紀末から十六世紀末にかけて一向宗（浄土真宗）の門徒農民らが守護大名と対立した一向一揆の時期以降です。

グローバルな影響関係があるとはいえないものの、これは西欧で起きた宗教改革と時期が一致しています。当時のヨーロッパも封建社会でした。ルターなどの改革派は、地方の有力者の支持を得ることで自分たちの勢力を築くことができた。この同時性は興味深いところです。

「新宗教」の登場

封建制を背景にしたいわゆる地方分散型の仏教のありよう、またエリート層ではなく民衆のあいだに浸透した仏教のありようが、草の根の救済宗教が生まれやすい土壌をつくったと考えられます。

救済宗教の民衆化というこの土壌から、十九世紀に「新宗教」が登場してきます。新宗教とは、江戸末期から明治期以降にかけて創始された、これまでの伝統仏教の枠に収まらない救済宗教の信仰集団を指します。

その初期のものが、黒住《くろずみ》教、天理《てんり》教、金光《こんこう》教です。このうち天理教は江戸時代の終わりに中山みき、金光教は同じ時期に赤沢文治《ぶんじ》という、いずれも農民が創始した宗教です。働き者のまじめな生活者が、家族のトラブルや子どもの死といった苦しみを経験するなかで、既存のエリート主導の宗教集団から外れ、自らが創唱者になっていくというかたちで起こりました。天理教や金光教の開祖たちは、神の憑《ひょう》依《い》といったシャーマニズム的な経験を経て、人類が苦難から救われるための教えを自ら説きました。

このような新しい宗教は、キリスト教、仏教、イスラームのような重厚な伝統こそ背負っていませんが、創唱者がいて「救い」の教えを説いているという意味で、やはり救済宗教といえます。救済宗教である点では仏教の影響が大きいのですが、崇拝対象としては神道を引き継いでいるものも多数あり、教義内の倫理観には儒教の影響も見られます。

黒住教や天理教や金光教に始まるこうした動きは、のちに京都府の綾部《あやべ》に起こった大本教や、日蓮宗系の伝統仏教集団から独立した民衆主体の信仰集団が活性化することにつながっていきます。先ほど述べたように、日本の仏教は歴史的にも宗派仏教に分かれるという特徴がありましたが、近代以降は、新宗教も含めて、さらにさまざまな救済宗教団体が並び立つという独自の展開をすることになります。

社会の基層に存続している救済宗教

これらの新宗教のなかには、国家との補完関係からはみ出し、社会秩序を脅かす存在として厳しい取り締まりを受けるような例も出てきました。天理教、大本（大本教）にそうした傾向があり、さらに創価学会、オウム真理教、統一教会なども政治との関わりが問われる新宗教です。このように、日本では近代になって庶民が主体となる救済宗教が新たに勢力を拡大し、国家と宗教の関係という点でも複雑な展開をたどって現代に至っています。

以上、見てきたように、日本でも救済宗教の影響のもとに社会が形成されてきました。仏教の影響は七世紀末にはすでに顕著なものがあり、奈良時代や平安時代は国家を支える精神文化として仏教こそが主力だったといえます。その力はある意味では江戸時代まで続いていきますが、鎌倉時代から江戸時代の封建制の時代には、次第に仏教集団が多元化し、またその後は民衆を担い手とする仏教系、習合神道系などの新宗教が力を伸ばしていきます。

他方、国家は儒教や神道を支え手とするようになり、国家と支配者自身を神聖視する傾向が強まります。現世の秩序そのものが神聖なものとなり、現世を超えた秩序原理を提示する救済宗教としての仏教の地位が低下していったのです。阿満利麿が『日本人はなぜ無宗教なのか』で述べていた、日本における創唱宗教の影響力の後退とは、このような歴史的展開のなかで見ていくべきものでしょう。

明治維新後に国家神道が体制の基軸となり、伝統仏教や新宗教やキリスト教などの救済宗教はその体制に従属する地位に置かれました。第二次世界大戦後、国家神道体制は解体されましたが、その後の時代は世界的に近代の世俗主義の影響が顕著でした。このため、日本の救済宗教は、その存在があまり意識されなくなったのですが、創価学会の急成長やオウム真理教事件、また二〇二二年の統一教会問題のように、実際は社会の基底に浸透している救済宗教の根深い力が、間欠的に注目を集める事態が生じています。

第3章

なぜ「救い」なのか
——文明史に救済宗教を位置づける

宗教学の誕生

第2章では、キリスト教、仏教、イスラームなどの宗教を「救済宗教」として捉えることができること、またそれらが歴史的な諸文明の多くを支える働きをしてきたことを見てきました。

では、この救済宗教という「概念」はいつ頃、どのようにしてかたちづくられたのでしょうか。この章では、救済宗教という用語の歴史をたどりながら、救済宗教という概念がなぜ宗教理解において、また人類文化史の理解において重要な役割を果たしてきたのかを見ていきます。それはそのまま、「宗教学」という学問の歴史を顧みること、また救済宗教について理解しつつ「救済宗教以後」を見据えようとした近代知識人たちの営みをたどることに重なるものでもあります。

宗教学とは、世界のさまざまな宗教を分類・比較しながら、宗教とは何かについてその特徴を明らかにしようとする学問です。特定の信仰をもった上でその宗教について研究する神学や教学（仏教学、神道学など）とは異なり、〝外側〟から客観的に宗教を捉える視点を重視します。宗教について内側と外側の双方から考えるという姿勢がその特徴です。宗教学は、キリスト教の教義について研究する神学から分かれるかたちで、十九世紀後半のヨーロッパで誕生しました。それが、やがて救済宗教という概念の登場をもたらします。

救済宗教という言葉がどのようにして使われるようになったのかについては、ドイツの宗教学者ハンス・G・キッペンベルクの『宗教史の発見——宗教学と近代』（一九九七年）の第八章でわかりやすく解説されています。以下、その解説に則って見ていきましょう。

ジーベックによる宗教の分類

十九世紀後半に宗教学という学問が成立し、宗教を類別するという視点が形成されました。そこから、キリスト教、仏教、イスラームのように世界的な広がりをもち、どんな人にも適用できる普遍的な教えを提示する宗教を「救済宗教」と規定する時代がやってきます。

救済宗教という言葉を早い段階で使い始めたのが、ヘルマン・ジーベック（一八四二〜一九二〇）でした。新カント派の哲学者で『ゲーテの世界観』という邦訳書もあるジーベックの研究領域は、宗教哲学・美学・心理学等に向かい、少し後に現れる「宗教史学派」と呼ばれる人たちの考えを先取りしていたことで知られています。

宗教史学派とはキリスト教神学から分かれたドイツの学問研究の一派で、キリスト教を「他の宗教との関係のなかで成立してきたもの」と捉え、その歴史と比較のなかでキリスト教を見直そうとしました。一方で学術的な歴史の捉え方が宗教にも及び、他方でキリスト教以外の有力な宗教伝統の存在を強く意識し、一定の敬意を払う姿勢が育ってきます。宗教哲学に立脚するジーベックはそうした視点を先取りしながら、さらに、近代人にも納得できる宗教の意義を見出そうとしました。

ジーベックは、道徳はこの世の秩序と関わるため普遍性をもちにくいが、一方、宗教はこの世の秩序を超えた領域を重視することから、どんな人にも当てはまる普遍性をもちうる、と捉えました。そして、宗教を自然宗教、道徳宗教、救済宗教の三つに分ける考え方を提示します。自然宗教は、「外部からもたらされる厄災から守ってくれる神々を前提とする宗教」（『宗教史の発見』）。道徳宗教は、この世の生き方を示す宗教。救済宗教は、この世を超えた次元を重視する宗教です。

また、この三つの分類は宗教の発展段階を示しているとし、「（……）道徳宗教においては、個人は社会に従属したままである。救済宗教においてはじめて、人間が自律した個人として世界に対峙していくことが可能になるのである」（同前）と考えました。つまりジーベックは、「人間とは何か」という問いに答えを与え、人間が自分を個人として振り返るという姿勢を与えたものこそが救済宗教だと考えたのです。こうした捉え方は、論争のなかで形成されていったもので、ジーベックだけがこの概念を思いついたというわけではありません。

トレルチによる宗教の序列化

ジーベックらが提示した概念をより洗練させたのが、エルンスト・トレルチ（一八六五〜一九二三）です。トレルチは神学的なキリスト教理解を基本としながら、それをより大きな宗教史の枠組みに据えることを試みました。

一九〇二年に発表した論文『キリスト教の絶対性と宗教の歴史』において、宗教には自然宗教と救済宗教という二つの種類があると述べています。そして、救済宗教こそが宗教の高度な形態であり、人間の意識の発展に高い段階をもたらしたのだと捉え、それにあてはまる宗教はキリスト教と仏教であると述べています。

トレルチは一九一〇年にドイツで刊行された宗教学（と神学）の世界最初の大規模な事典である『歴史および現在における宗教』（略称RGG、全五巻）で、「救済」という項目を執筆しており、その急所ともいうべき部分が『宗教史の発見』に書き抜かれています。

深くかつ豊かな倫理的・宗教的内実を表現していることが認められるあらゆる宗教的領域は、何らかの仕方で救済信仰へとつながっていく。神的存在があらゆる善なるもの、完全なるものすべてを表す表象へと、そして真にして永遠なる存在すべてを表す表象へと、強力なそして統一的な仕方で高められれば高められるほど、神的存在と人間との懸隔《けんかく》およびその懸隔の克服への憧憬がいっそう高まり、神と人間との間に立ちはだかる障害が世界としてよりいっそう明瞭に現れてくるのである。仮象と誤謬の原理としての世界であれ、無常と苦悩の原理としてであれ、罪と神からの離反の原理としてであれ、それは同じである。

（『宗教史の発見』一九一ページ）

最後にあげられている「神と人間との間に立ちはだかる障害」の三つの類型は、それぞれグノーシス主義（地中海世界で一～三世紀頃に広まった、物質と霊魂の二元論を特徴とする思想）、仏教、キリスト教に対応するものです。トレルチはキリスト教と仏教とグノーシス主義の他にも、ヒンドゥー教、ギリシャ宗教、古代イスラエルの宗教も救済宗教に属するものがあると捉えています。

トレルチによれば、ユダヤ教やイスラームは、ジーベックが示した道徳宗教に近い。トレルチ自身は道徳宗教という言葉は使っていませんが、ユダヤ教が重視する律法（神との契約）はこの世の道徳性にあたり、その道徳性を超える救いをイエス・

キリストが示すことで、キリスト教は律法宗教であるユダヤ教からひとつ先の段階に進んだのだ、と論じています。イスラームもシャリーア（イスラーム法、ユダヤ教の律法に当たるもの）が重視されている点で道徳宗教（律法宗教）的であり、救済宗教としてはもうひとつ徹底していない、とトレルチは捉えています。

ユダヤ教やイスラームのあり方に比べると、仏教はより救済宗教的であるとしますが、現世を超える次元はキリスト教ほど明確にはなっていない。ゆえに、キリスト教こそが救済宗教の最も徹底した形態だ、とトレルチは論じます。そして、これは個人の主体性と個体性の前提を明確にしているからだとします。人間がひとりの「人間」としての自覚を持ち、この世の秩序から独立した自分自身の場をもっていること、現世的なものに従属しない自己そのものを自覚する根拠を与えるもの、それが救済宗教であり、キリスト教こそその典型だということです。

トレルチの理論は、十九世紀から二十世紀への転換期において、宗教のある種の〝序列づけ〟を行うなかで救済宗教という概念を基礎づけました。自然宗教とは異なる普遍性と、人間の内面性・自律性に関わる、ある深さをもっているのが救済宗教であり、その代表がキリスト教であると捉えたのです。

マックス・ウェーバーの宗教社会学

トレルチとたいへん親しかったのが、「社会学の父」として知られるマックス・ウェーバー（一八六四～一九二〇）です。トレルチは神学に近い立ち位置で理論を築きましたが、ウェーバーは神学からは明確に独立した社会学を体系化した人です。しかし、宗教に深い関心をもち続け、宗教理解に多くのエネルギーを注ぎつつ、驚異的な質と量の仕事を積み重ねました。その意味で学問的な宗教理解の新たな地平を固めた人ということもできます。

ウェーバーには『経済と社会』と『世界宗教の経済倫理』という二つの大著があります。『経済と社会』の第二部第五章が『宗教社会学』で、これは日本語に翻訳すると四百ページにもなり、一冊の本として出版されています。『世界宗教の経済倫理』についても同様で、そこに収められた『古代ユダヤ教』『ヒンドゥー教と仏教』『儒教と道教』、また彼の著作として日本で最もよく知られている『プロテスタンティズムの倫理と資本主義の精神』などは、それぞれ分厚い単行本（時には二分冊）として翻訳刊行されています。

社会学、宗教学、経済学と幅広い分野にまたがる仕事をなしたウェーバーですが、彼の議論の基本にあるのは、「社会は合理化する」という考えです。

合理化と聞くと、「経営合理化」など機械化や組織改編によって労働生産性を高めるようなことを思い浮かべる人も多いと思いますが、ウェーバーのいう合理化はもっと広い範囲の事柄を指します。人々の行動の動機としての感情や慣習、伝統を、理性に基づく概念（言葉）に置き換えることです。ごく簡単にいうと、それまでならわしにそってやってきたことをより明確に説明できる効率的な行為や役割構成の仕組みへと変革し、社会生活を新たなかたちへと変えていくということになります。

ウェーバーによれば、合理化は政治、経済、生活などあらゆる面で行われます。社会の進化とはすなわち合理化の過程である、その合理化の度合いは宗教の変化と深く関わっている、とウェーバーは指摘しました。後には科学や資本主義の経済が合理化の推進者として大きな役割を果たすようになりますが、それまでは宗教こそが合理化を進める重要な役割を果たしてきたと捉えたのです。

宗教こそが合理化を進める

これは、当時の社会科学の学説として有力だったマルクス主義に対して、異なる見方を示したものです。第４章でも解説しますが、マルクスは経済こそが社会を発展させると説きました。生産力が発展すると、生産形態が変わり、それによって階級構成と政治体制が変わっていく。それを正当化するために思想というものも変化していく。つまり、経済という下部構造の上に思想という上部構造があり、下が変わればそれを反映して上も変わる。また、上部構造においてはある時代までは宗教が有力である。宗教はイデオロギーで、支配関係を正当化する働きを担うものである。これがマルクス主義の見方です。

これに対してウェーバーは、宗教こそが社会を変革させる力として重要な要因だと捉えました。『プロテスタンティズムの倫理と資本主義の精神』では、なぜ西洋だけが資本主義を独自に発展させることができたのかとの問いを立て、その答えとして、キリスト教、とくにプロテスタントの宗教倫理の存在を挙げます（その理論は、のちほど説明します）。

そして、そこから考察の対象を世界の諸宗教に広げ、ほかの文明圏で資本主義の発展につながるような宗教倫理が存在したのか検討しました。『ヒンドゥー教と仏教』はインド、『儒教と道教』は中国の精神文化について、また『古代ユダヤ教』はキリスト教ができる根底にあった古代のユダヤ教について、それぞれ研究した成果です。

ウェーバーはそれぞれの宗教の救済論を検討し、それらが「現世の合理化」とどのように関わっているかを明らかにしていきます。インドや中国ではそのように働く宗教倫理が形成されなかったのに対して、古代ユダヤ教にはすでに「現世の合理化」を押し進める宗教倫理の原型が見られたと論じました。このように世界の主要な文明の宗教、とりわけその救済論を比較することで、「なぜ西洋でこそ近代化が進んだのか」を究明するのが、ウェーバーの比較宗教社会学の大きな枠組みです。

なお、「なぜ西洋でこそ近代化が進んだのか」という立論の仕方は、「人類史上、西洋こそが最も進んだ社会である」という認識が前提になっており、その前提に基づいて世界の諸社会の発展を比較・分析する社会理論が組み立てられていきます（これは「方法論的西洋中心主義」と呼ばれます）。しかし現在では、たとえば経済力などでは西洋が必ずしも優位にあるわけではないという状況です。過去についてもあらためて見直せば、つねに西洋が世界を先導してきたわけではありません。現代の観点ではその偏りが見えてしまうことも押さえつつ、ウェーバーの主張を具体的に見ていきましょう。

呪術から宗教へ

ウェーバーによれば、原初的な宗教は、現世においてよりよいものをもたらすことを目指すもので、これを「呪術」と捉えます。そこから次第に現世を超えたものへの関心が深められ、呪術から宗教への転換が起こり、この世を超える存在や次元についての観念（これを「超越」といいます）が明確になっていく。呪術から宗教への転換においては、まず多神教が起こり、そこから一神教が生まれ、他方では非人格的な世界秩序、あるいは宇宙の理法——たとえばインドのリタ（天則）、ダルマ（法）、中国のタオ（道）など——の観念も現れてくる。このように捉えます。

多神教から一神教へという宗教の進化モデルは、十九世紀の西洋で広く受け入れられていたものですが、ウェーバーはそれを汎用性のある理論に展開しようとしました。呪術的世界観からより合理性の高い宗教へと進化していくわけですが、その一つの頂点に、一神教のキリスト教がある（ウェーバーは、仏教をもう一つの頂点と捉えた）。しかし、一神教に「進化」したといっても、それで人々の悩みや問いがすべて解決できるわけではない。人間はいかに生きるべきか。世界にはなぜ苦しみがあるのか。そのような問いかけは存在し続ける、とされます。

その問いに一神教が答えようとする場合、「預言者」が重要な役割を果たす、と彼は述べています。「預言」とは、神の言葉を預かって人々に知らせることであり、それを行う人が預言者です。旧約聖書に登場するアブラハムやモーセ、イスラームのムハンマドなどがそれに当たります（なお、キリスト教においてイエスは神そのものなので預言者ではありませんが、イスラームではイエスも預言者の一人に数えられています。また、ウェーバーの理論枠組みではイエスも預言者です)。

預言者と合理化

ウェーバーは、この預言者こそが宗教の合理化を進めると指摘しました。彼は、一神教の系譜における預言を「倫理預言」といっています。人はいかに生きるべきかを問い、人々に警鐘を鳴らし、正しい道を示す預言のことです。これと対照されるのが「模範預言」で、究極の悟りを目指す人間のあり方をわが身で体現し、それを人に示す預言です。ウェーバーは模範預言の伝統をインド、とくに仏教に見ています。

一神教が重視した倫理に戻ると、呪術の段階でも「これはしてよい」「これはダメだ」といった規範はありました。それは「タブー」と呼ばれ、理由はわからないがしてはいけない、という決まりです。これが宗教の段階になると、いかに生きるべきか、何をなすべきかといったことが、ある種の合理性とともに説かれます。ここで起こるのが、タブーから「戒律」への変化です。してはいけないことがその根拠とともに明文化されるのです。

そこからさらに、戒律を超える次元が導き出されるとウェーバーは展望します。これはユダヤ教からキリスト教への転換に重なり、その過程を導くのが「救い（救済）」の概念の洗練です。

そして、その「救い」の概念の洗練において、大きな役割を果たしたのが預言者です。預言者による変革というのは、ウェーバーの「支配の社会学」で説かれるカリスマ的指導者による変革と重なり合う視点です。実はここに、教祖崇拝や聖者・指導者崇敬という救済宗教の大きな推進力が関わっています。しかし、ウェーバーは教祖や指導者が信仰される対象として大きな役割を果たし、そのこと自体が大きな変革力になるという観点についてはほとんど注目しませんでした。これはウェーバーの宗教社会学の弱点のひとつといえるでしょう。

世俗内禁欲がもたらした資本主義の発展

宗教の倫理的合理化についてごく簡単に整理すると、人々が救済宗教を実践するのは、人々が「救われるため」という理由付け（合理化）を受け入れたことによる。一定の合理性をもった救済論を提示したことが、キリスト教が広まる契機になった。救済宗教の合理化は、救いを求める動機となる「苦難」を前提にしている。「なぜ苦しむのか」という問いに納得のいく答えを示し、救済が確かなものだと受け入れられることが、宗教の倫理的合理化を進めることになるとウェーバーはいうのです。

しかし、全能の神による救いという教えは、すべての人が納得するものとはならない。とくに、なぜ正しい生き方をしている人が不幸や苦難に見舞われ、むしろ悪人や横暴な人が報われているように見えるのかという問いが生じる。神に背いているわけではないこの私が、なぜこのような苦難に見舞われるのかという問いに答えようとする議論を「苦難の神義論」と呼びます。ウェーバーはこの苦難の神義論が救済宗教における合理化の重要な担い手になると捉えました。

ウェーバーによれば、一定の合理性をもった救済論が受け入れられても、なお呪術的なものは残り続けます。カトリック教会では聖者崇拝、聖母崇拝など呪術的なものがたっぷり保たれてきました。西洋の歴史において救済の理論がさらに発展し、合理化が進むきっかけとなったのが宗教改革です。宗教改革は、十六世紀のヨーロッパで起こったローマ・カトリック教会への批判・改革運動で、ここからプロテスタント教会が設立されました。信仰の合理化が進み、聖者・聖母崇拝など呪術的な要素が排除されます。

ウェーバーは、宗教改革の指導者のなかでも、スイスで活動したカルヴァンが唱えた「予定説」が、苦難の神義論の最も洗練されたもののひとつだと述べています。予定説とは、「人が死後に幸せになるか苦しみ続けるかは、その人がこの世で何をするかということには拠っていない。それはすでに神によって決定されている」とする説です。たとえあなたが苦しみを逃れたいと願って正しい行いをしたとしても、それが報われる根拠はない。つまり、神の意志は人には決してわからない、あなた自身が救われる存在であるかどうかもわからない、という救済観です。

神の意志は人間には理解できないという神と人間との断絶は、古代ユダヤ教以来、一神教を貫いている理念です。ただ、そうはいっても、人間の善行に神が報いて究極の救いに導いてくれるという信仰は保持されていました。しかし、カルヴァンの予定説は神と人間の断絶を徹底させて、救われるかどうかさえ人間の側からはわからないとしました。それによって神の前での個々人の孤独が徹底し、絶え間ない不安が信仰を深めるという逆説的な宗教心理が広まります。

ウェーバーは、これが西欧の近代化、さらには資本主義の発展につながったと結論します。予定説によれば、自分が救われているか否かを知ることはできない。しかし人間の心理としては、「もし自分が救われている人間ならば、この世でしっかりと生きて社会的にも成功できるだろう。神から見てふさわしい生き方をしているだろう」と考える——これを「救いの確証」といいます。救いが得られるかどうかわからないが、その確証を得たい、しかしそれはなかなか得られない。得たと思えば、それは人間の側の錯覚《さっかく》だ。だからよりいっそう禁欲的な生活を送り、より勤勉になるというわけです。これを「世俗（現世）内禁欲」といいます。日々の仕事や家族生活が行われる現世のただ中での禁欲だからです。

この振る舞いを動機づけているのは「不安」です。確証を得ようとはするけれど、答えは神しか知らないことなので、結局それも得ることはできない。無限の不安のなかで、なんとか確証を得ようと努力する。このような心理が資本主義の発展を進めた、というのがウェーバーの見立てです。

これは、「よく働けば救われる、ということがわかっていないからこそ、よく働く」という、逆説の論理です。従来のキリスト教の禁欲主義は、典型的には修道士が、現世（世俗、この世）の外で行っていました。ところが、プロテスタント、とくにカルヴィニズムを信奉する人々は、現世（世俗、この世）のなかで禁欲主義を進めていきます。とりわけ勤勉、節約を徹底し、日常生活を合理的に組み立てていきます。「世俗（現世）内禁欲」こそが、よく働き富を積み上げていく資本主義のエートス（倫理的な精神構造）を基礎づけていったと見るのです。なぜ西洋で資本主義が発展したのかを説明する画期的な理論でした。

仏教における合理化の限界

ウェーバーは世界の諸宗教の救済論を比較して、苦難の神義論にはもう一つの徹底した合理性をもつ説明があり、それはインドのカルマ（業）と輪廻転生という議論だとします。善行も悪行もすべて必ず報いがある。しかし、それはいまの生のなかで帰結をもたらすとは限らない。人は衆生として生まれ変わりを繰り返すのであり、そのなかで報いを受けるが、それはいつのことかはわからない。これも苦難の神義論としては、カルヴァンの予定説と同じように徹底しており、答えとしては整合性が高い。

しかし、このインド由来の苦難の神義論からは、この世で積極的かつ合理的にものごとに関わり、変革を目指していくというモチベーションは生じない。つまり現世の合理化にはさほど貢献しない苦難の神義論だとします。そもそもこの神義論を受け入れている仏教の合理化は、ユダヤ教からキリスト教へと引き継がれていく倫理的預言を通してではなく、究極の悟りを目指す模範預言の系譜に属しており、現世の変革というモチベーションが生じにくいとも捉えられています。

以上のように、ウェーバーは世界の諸宗教や救済理論を比較するなかで、仏教もすぐれた救済宗教だが近代化という点では限界があった、合理化を進める宗教としてはキリスト教が最もすぐれたものだった、と結論しています。ウェーバーが出したこの答えには、十九世紀後半から二十世紀はじめ頃のヨーロッパという時代性・地域性が明らかに反映されており、その議論のいくつかの部分は現在では修正される必要がありますが、それを踏まえてもなお、彼が提示した議論には重要なものが含まれています。

救済宗教と脱呪術化

そのうちの一つは、救済宗教の重要性の認識です。ウェーバーはその膨大な仕事を通じて、救済宗教が世界の諸文明を支えてきたこと、それがいまを生きる私たちの思想的な資源になっていることを明らかにしました。それを可能にしたのが、世界の諸宗教・諸文明を比較するという研究方法で、これは宗教社会学という学問分野の基本的な姿勢の一つとして、現代にも受け継がれています。

もう一つは「現世の脱呪術化」、つまり「呪術からの解放」という概念です。宗教の進化のところで述べたように、宗教以前の呪術の段階では、まだこの世（現世）を超えた次元は明確でなく、この世においてよりよい状態を得ることが目指されていました。しかし次第にその不十分性に気づき、この世を超えた次元に関心が移っていく。これが〝呪術の園〟であった現世（世界）を呪術から解放していくことで、そこから宗教が洗練されていくと捉えます。

つまり救済宗教の理論とは、この世を呪術から解放し、この世を超えた次元に人間がどう関わろうとしてきたのかの歴史の解明でもあるとウェーバーは見ています。それが徹底して進むのが近代であり、資本主義が進んだ西欧の思想にその最先端のかたちがある。呪術からの解放が進んだことで、近代人はこの世で何かが呪術的に得られるという非合理的な思い込みから自由になった——こうウェーバーは捉えたのです。近代人の思考の自由はキリスト教のような救済宗教が準備したという見方にもなります。

脱呪術化の果てに

しかしその結果、この世を超えたもののリアリティがどんどん堅固になっていくかというと、そうではないとウェーバーは述べています。むしろ資本主義の発展とともに、この世を超える次元もまた怪しくなっていく。これが、『プロテスタンティズムの倫理と資本主義の精神』の末尾にある「鉄の檻《おり》」としての近代です。ウェーバーは、宗教が洗練された末にどこに向かっていくのかについて、悲観的な見方を示しています。

禁欲が世俗を改造し、世俗の内部で成果をあげようと試みているうちに、世俗の外物はかつて歴史にその比を見ないほど強力になって、ついには逃れえない力を人間の上に振るうようになってしまったのだ。今日では、禁欲の精神は――最終的にか否か、誰が知ろう――この鉄の檻から抜け出してしまった。ともかく勝利をとげた資本主義は、機械の基礎の上に立って以来、この支柱をもう必要としない。

（『プロテスタンティズムの倫理と資本主義の精神』岩波文庫）

宗教が資本主義を発展させた果てに、宗教はそこから抜け落ちてしまう。そしてウェーバーは、「この巨大な発展」（同前）が進んだ末に、人間は虚無に直面するところに落ち込むのではないかという懸念を示します。発展の最後に現れるのは、皮肉なことに「精神のない専門人、心情のない享楽人《きょうらくじん》」（同前）ではないかというのです。脱呪術化こそが合理化の一つの帰結ではあるのですが、それが果たして本当に人間の幸せにつながるのか、ウェーバーは疑問を呈したのです。ますます合理化を進めていく近代文明のゆくえに懐疑的だったウェーバーの本音がここに表現されています。

プロテスタントは心が休まらない？

このウェーバーの懸念については、私も頷《うなず》くところがあります。

オランダはカトリックと改革派のプロテスタントがキリスト教の二大勢力で、その勢力が拮抗していることで知られています。そこで、知り合いのオランダ人に、一見してその人がカトリックかプロテスタントかの見分けがつくものかどうかを聞いてみたのです。

そのオランダ人はしばらく黙った後に、にやりとしながら「外見で見分けはつきにくいけれども、カトリック教徒の方が幸せそうに見える」と答えたのです。これは、米国でキリスト教の諸教会を訪問したときの私の印象とも重なります。カトリック教会に集う人にはある「自分たちは救われるのが当たり前」という安心感のようなものが、プロテスタントの教会では感じにくいように思われました。それは、彼らが常に神の存在を意識し、神と向き合い、自らの信仰を問い直しているからなのかもしれません。

常に神に自分を問われているが、確かな答えはいつも得られない。その不安のなかで生きる厳しさのようなものを、プロテスタントの人たちはもっているのではないか。近代の忙しい世界には、そのようなパーソナリティが適合的かもしれません。救済宗教には、人々に安心を与える要素と、自らを厳しく律し問い続ける要素の両方があり、プロテスタントはとくに後者を動機づけた。これがウェーバーの議論です。その究極のものを示したのがカルヴァンで、彼の予定説は、「救い」の確証を得ようと、自分の内面を問い、勤勉に働き続ける人間を育てたとウェーバーは論じます。それは確かに近代化を強力に推し進める要因となりましたが、そのうちに人は「救い」からも離れ、ただ働き続ける人間になった。ウェーバーのこの洞察もまた、文明史と宗教史の本質に関わるたいへん鋭いものだと思います。

ヤスパースが示す人類の精神文化史

ウェーバーの影響を受けながら、人類の精神史の見取り図を視野に入れた独自の哲学理論をまとめ上げたのが、カール・ヤスパース（一八八三〜一九六九）です。ヤスパースは精神医学を志したのち哲学に転じ、その過程でウェーバーと親しく交わり強く影響を受けました。妻がユダヤ人であったために、ナチス政権下で大学の職を奪われ、著作活動もできなくなるという苦しい時期を経験します。ヤスパースは特定の宗教共同体に所属してはいませんでしたが、哲学の観点においても宗教という次元は欠かせないという立場を取りました。

ヤスパースは、トレルチやウェーバーが救済宗教として説明した現象を、人類の精神文化の歴史という観点から異なるかたちで捉え、『歴史の起源と目標』（一九四九年）という本を著します。ここではまず、それ以前に発表した著作『世界観の心理学』（一九一九年）や『哲学』（一九三二年）で唱えた「実存哲学」のあらましを紹介し、それを受けて、『歴史の起源と目標』で示された重要な概念「軸の時代」について解説しましょう。

ヤスパースによれば、「実存」とは主体的に生きられる人間の生のあり方を指すもので、客観的に「何ものかである」と叙述できる「現存在」とは異なるといいます。

人間というものは、たとえば「日本人である」「二十世紀の半ばに生まれた」「教育に関係する仕事をしている」など、外側からさまざまに叙述することができます。しかし、そのように叙述できるもの以外のところにこそ「その人自身」がある。つまり、自分が何かを選び取って行動するあり方そのもの、またその根拠となるものは、外から客観的に規定されるものではない。そして、その次元の自己というものは、自分を超えた何か（超越者）と関わっている。

この超越者は、神のようなものであるかもしれないし、仏のようなものであるかもしれない。あるいは宇宙の理法のようなものかもしれない。ヤスパースの哲学は、この段階ですでに宗教性を前提にしているといえますが、この場合の宗教とは特定の宗教という限定を超えるものとして示されています。

実存は限界状況において現れる

では、どのような場合に実存はあらわになってくるのでしょうか。

「実存」という概念を哲学にもち込んだのはデンマークの思想家・哲学者、セーレン・キルケゴール（一八一三～五五）ですが、実存の現れとして彼は「不安」を重視します。ヤスパースとほぼ同時代の哲学者で、一九二七年に『存在と時間』の主要部分を公表したキリスト教徒の哲学者、ハイデガーも同様です。一方、ヤスパースが提示するのは「限界状況」というものです。

たとえば、「おなかが空けば、食べ物を買いに行ったり料理をつくったりする」「楽しいことをしたいと思えば、何か工夫して楽しくなるようなことを行う」というように、人はいつも自分の目の前にある状況に向き合い、その状況をつくり変えながら生きています。何らかの目的を実現するために、さまざまな手段を講じる、ということを常に試みているわけです。資本主義経済や科学技術の発展は、まさにこのことの帰結といえるでしょう。

ところが、生きていくなかでは、「どうやっても変えることができない状況」というものがあります。具体的な例はのちほど詳述しますが、そのような状況をヤスパースは「限界状況」と呼びました。

人間は普段、そのような限界を回避しながら、つまり状況をうまくつくり変えることで物事に向き合っています。しかし、ヤスパースのいう限界状況は、そのように自らの意思で調整することもできなければ、直面するのを避けることもできないものです（ゆえに「限界」なのです）。それが巨大な壁のように現れてくれば、突き当たった人は挫折《ざせつ》や絶望を味わうことになります。

しかし、そのような自分では少しも変えることができない真の限界に直面すると、人は自分自身に向き合うことになります。すなわち、そこにこそ「実存」が自覚され、人間が人間自身を意識する、とヤスパースはいうのです。

四つの限界状況

限界状況には、いくつかの種類があります。

一つは、歴史的な特殊性のなかで出合うもの。例えば、私は一九四八年の生まれですが、「なぜ一九六〇年頃に生まれなかったのか、そうすればもっと経済的にもゆとりがあり、自由に研究ができたのに」と感じるようなことです。あるいは「宗教の研究者ではない、まったく違った生き方があったのではないか」といまも考えることがあります。このように、個々の人間に与えられた、変えることのできない歴史的な条件に由来する特殊性があり、それに由来する限界があります。

これに対して、さまざまな歴史的特殊性のなかにあって、人間の一般的な条件として出合わざるをえない限界状況があります。つまり、誰もが一生のあいだに向き合うはずの限界状況も存在します。このように一般的で、誰もが直面するはずのものと想定される限界状況として、ヤスパースは「死」「苦悩」「闘争」「負い目」の四つを挙げています。

①死――死には「隣人の死」と「私の死」があります。
「隣人の死」、すなわち大切な他者や最愛の人の死は生活における最も深刻な切断で、決定的な喪失を意味します。それは自分が生きる意味の崩壊にもつながりうるものです。

「私の死」についての意識は、死んだらどうなるのかわからない、死んだらそれまでしてきたことが無に帰してしまうかもしれないという不安を生みます。また、自分が存在しなくなること自体への恐怖もあります。「この世の生存こそすべて」と思っている人にとっては、自らの死は絶望です。

しかし、他者のものでも自らのものでも、死に直面してその不安の根源を自ら受け止め、それを超えるものに出合うことができれば、心の平穏を得ることができる。死はただの絶望ではなく、そうした契機を与えてくれるものでもあります。
②苦悩――苦悩には、肉体的な苦痛や病気、徒労（しても仕方がないことを続けていることのつらさ）、精神を病むこと、老衰、奴隷的服従（やりたくないことをさせられていること）、飢えなどがあります。多くの人がその人生において経験することで

すが、克服することは困難です。ヤスパース自身、気管支拡張症と心臓の不調という命にも関わる病に常に悩まされており、身体的な苦しさというものをよく知っていたと思います。

人はまず、こうした苦悩と戦い、打ち勝とうとします。しかしどうやっても勝てない場合がある。そのとき、その苦悩を不可避のものとして自ら受け止めようとする態度が生じます。それによって新たな幸福のあり方が見えてきて、実存的な自覚も生まれる、とヤスパースは述べています。

③闘争——暴力的な戦いのことです。暴力的というと、殴り合ったり血を流したりというイメージがあると思いますが、現代の競争社会ではありとあらゆるところに闘争があるといえるでしょう。社会で生きるなかで、暴力的な振る舞いを実は多くの人が日々、経験しており、また暗黙のうちにそれが推奨されている。そこには必ず敗北があり、傷つく人、受難者がいます。望むと望まないにかかわらず、傷つけ傷つけられる経験を避けにくいのが人生です。私たちはそうした闘争に関与せざるをえない、という限界のなかに生きています。

④負い目――これはいわば「見えない闘争」です。たとえば、自分がいまの生を積極的に生きていくことは、実は他者の傷《いた》みの上に生きることを含んでいる。そのことを自覚し、負い目を感じる。キリスト教ではこれを罪といい、仏教でもつねに懺《さん》悔《げ》（悔《け》過《か》）が求められます。これは現代社会に生きる人には比較的なじみ深いことかもしれません。意図的に関与したわけではないが、実は自分の存在が他者の苦しみに関わっていると意識せざるをえない。これが負い目です。

四つの限界状況のうち、**①死**と**②苦悩**は、自分が働きかけなくても直面せざるをえない限界状況、**③闘争**と**④負い目**は自分が他者との関わりのなかで自覚することで初めて限界状況となるものといえます。

ヤスパースは、これらの限界状況はいずれも実存の覚醒のきっかけになると考え、その実存の自覚が歴史的には救済宗教や哲学思想というかたちを取って共有されてきたと捉えています。

軸の時代

ヤスパースは、精神文化においてこうした実存的な次元を重んじる考え方が、人類の歴史のなかでどのように生成してきたかということを、『歴史の起源と目標』を通じて理論化します。そして、この本で提示される重要なコンセプトが「軸の時代」です。

紀元前八〇〇年から紀元前二〇〇年頃にかけての時期に、人類文明に大きなブレイクスルー（新たな何かによって障壁《しょうへき》を突破し、根本的な変革がなされること）が起きた、とヤスパースは指摘します。このブレイクスルーにより、人間が真に実存的な自覚を得る精神文化がかたちづくられる。それがこの時代に、主に世界の三つの地域で同時に、かつ独立して起こったことに注目すべきだとヤスパースはいいます。三つの地域とは、中国、インド、そして西洋文明の源が生まれた中近東と地中海世界です。

中国には、孔子、老子、墨子《ぼくし》、荘子《そうし》、列子《れっし》などの諸子百家《しょしひゃっか》と呼ばれる思想家たちが現れ、人間本来のあり方とはどういうものかを理論化し、儒教や道教の伝統に結実しました。インドには、哲学書『ウパニシャッド』や、仏教を開いたゴータマ・シッダールタ、ジャイナ教を開いたマハーヴィーラなどの哲人が現れます。

さらに、中近東と地中海世界では、まずイランにゾロアスター教が生まれます。やがてパレスチナにはユダヤの預言者たち（エリア、イザヤ、エレミアら）が登場し、ギリシャには詩人ホメロスや、パルメニデス、ヘラクレイトス、プラトンらの哲学者、悲劇作家ソフォクレス、歴史家トゥキディデス、数学者アルキメデスなどが出現する。そしてその少し後の段階でキリスト教が誕生しました。

確かに数百年のあいだに、世界の偉大な宗教や思想の伝統がいっきに花開いたということは注目に値します。ユーラシア大陸の都市文明と文字文明の基盤が整い、帝国の生成へと向かう時期に「実存」の自覚も並行して起こった。ヤスパースはこのように捉えます。人類文明の画期となるような精神史的変容が、歴史上のある時点で同時に、複数の地域で起こったとし、ヤスパースはこれを「軸の時代（枢軸時代、Axial Age）」と名付けました。

「軸の時代」に生まれた精神文化

軸の時代
（紀元前800年〜紀元前200年頃）

中近東・地中海

- ゾロアスター教
- ユダヤ教
- 古代ギリシャの思想・学問
  哲学、詩、悲劇・喜劇、歴史学、数学など
- キリスト教

中国

- 諸子百家の思想
  孔子、老子、墨子、荘子、列子など
- 儒教
- 道教

インド

- 『ウパニシャッド』をはじめとする哲学
- 『ヴェーダ』などの宗教思想
- ヒンドゥー教
- 仏教
- ジャイナ教

「軸」に込められた意味は、車の両輪をつなぐ「車軸」をイメージすると理解しやすいかもしれません。車軸は車輪を横に貫いてつなぎ、その軸が回転することで車は前に進みます。同じように、ある精神文化が世界を横に貫いた。そこから同時に人類は新しい段階へと展開していった——このようなイメージが「軸の時代」という名称の背景にあると考えられます。

ヤスパースは、この現象が「人類が一つである」ことの証拠になると主張します。二つの世界大戦を経験して人々がバラバラになりかけたまさにその時期に、文明史をたどることで、ヤスパースは改めて「人類は一つである」ことを示し、希望を失わずに一つの平和な世界へ歩み出すための歴史哲学的な根拠を固めようとしたのです。

このようにして、仏教、キリスト教などの救済宗教と、それに対応する世界の諸文明の思想体系を合わせて「軸の時代の文明」と捉え、これらが人類の画期をなした、とヤスパースは考えました。ただし、現代の世界的な救済宗教の一つであるイスラームは、創始されたのが紀元七世紀とかなり後の時代になるため、軸の時代の文明には含まれていません。現代的な問題意識からはやや古く感じられることの一つです。

ブレイクスルーの特徴

軸の時代は、どのような点で画期的だったのでしょうか。ヤスパースが指摘するこの時代の変革の特徴は、次の七点にまとめられます。

①形而上学的観念《けいじじょうがく》——軸の時代には、中国、インド、西洋（中近東と地中海世界）の三つの地域すべてにおいて、人間は世界の全体を覆う神や法則といったものの存在とすべての人を包含する「人間」という観念、ならびに「人間の限界」という意識をもちました。それはまた、現実的な物質世界を超える、形而上学的な観念をもったことを意味します。

②限界認識——人間は、先に紹介した限界状況を広く人間の限界として捉え、それを強く意識し、それを超える解脱と救済を希求するようになりました。これはこの世の彼方に「超越」の次元があるとの認識につながります。

③非神話化——それまでは神話のなかに、生きる意味やものごとの存在意義の問いへの答えがあると考えられていましたが、その認識が挑戦を受けました。「合理的精神ならびに合理的に啓蒙された経験に立脚する側よりの、神話に対する闘いが始ま」(『歴史の起源と目標』理想社)ったとヤスパースは述べます。これはウェーバーの「脱呪術化」とも通じます。しかし、これは神話をすべて廃棄するのではなく、新たに措定《そてい》される合理性をもった超越と折り合うように神話を再生していくことだとヤスパースは理解しています。

④個人の自立——人間が個人として自己を捉えるようになります。これは哲学者の登場に象徴されます。「自己の中に根源を見いだし」「全世界に内面的に対峙する」(同前)人間の出現です。ヤスパースはこれを「真の人間」(同前)という理念の登場だとし、のちに理性や人格と呼ばれたものはこの時代に生まれたと述べています。

⑤歴史意識——ヤスパースが言及した三つの地域では、当時、無数の小国家や都市が並び立ち、争っていました。そうしたなかで行われた預言者や哲学者の精神活動は、人々に「いま、このとき」において大きな変化が起こっていることを自覚させ

ました。同時に、「過去」にも意識が向けられるようになりました。「人間の生存が、歴史として反省の対象となる」（同前）とヤスパースは表現しています。このように人類の知恵が変化した結果、大きな困難が克服される可能性が生じました。

⑥模範としての先人――預言者、教祖、哲学者といった人たちが現れて、大事なことを教えたという観念が共有されるようになりました。彼らはその後もずっと尊敬の対象であり、後代の人々が導きを仰ぐ存在であり続けています。

⑦普遍帝国――「軸の時代」の結末として、三つの地域には大帝国が起こりました（中国の秦、インドのマウリヤ朝、西洋のヘレニズム期の諸帝国・ローマ帝国）。いずれの帝国においても、皇帝が「軸の時代」に起こった精神文化を自覚して広めたことで、広い範囲に政治的な秩序が行き渡り、その根底に「軸の時代の文明」が据えられました。

ヤスパースは、その後の文明はこの「軸の時代」の変革を基礎にして展開したが、西洋こそがそれを深めた面があるといっており、西洋中心的な見方があることは否定できません。しかし、一方で、西洋が見失った面もある。だから西洋中心主義は見直さなければならないという観点も、彼の議論には含まれていることを付け加えておきます。

また、軸の時代の理論を、諸文明における制度形成（institution building）と結びつけて考えようとしたアイゼンシュタットのような社会学者もおり（『文明形成の比較社会学』）、比較文明研究という研究領域では、軸の時代の理論の検討がさまざまに進められて、西洋中心的な偏りを脱しようとする方向性も次第に明確になってきています（伊東俊太郎『人類史の精神革命』）。

軸の時代と救済宗教

軸の時代の議論を踏まえて、ヤスパースは人類の歴史には三つの段階があるといいます。軸の時代以前の「先史時代」、続いて古代の高度文明から近代までの「歴史時代」、そして、（ヤスパースの時代から見て）現代および未来に向けての時代にあたる「世界史（普遍史）の時代」です。その「世界史の時代」において、人は「人類は一つである」という意識を深め、精神文化的にも統一を目指すことになる、とヤスパースは述べます。第二次世界大戦後の人類は、このような大きな精神文化的課題を担っている。「軸の時代」の議論をこのように結びます。

「軸の時代」の議論は、この章のテーマである救済宗教の理論と完全に重なるものではありません。先にも指摘したようにイスラームはそこに含まれず、一方で、救済宗教とは異なる領域である哲学や儒教などの思想も扱われています。しかし、ヤスパースが示した「軸の時代の文明」のなかでも、多くの人に影響を与えたという点でキリスト教や仏教など救済宗教が果たした役割は大きいといえます。ヤスパースがそれを意識していたことも確かです。本書が掲げている「人類文明はなぜ救済宗教に支えられてきたのか」という問いと、この「軸の時代」の理論を結びつけることは可能で、むしろその問いを考える際の大きなヒントになると私は考えています。

ベラーが示す救済宗教の「前」と「後」

十九世紀の終わりから二十世紀の中頃にかけて、トレルチ、ウェーバー、ヤスパースというドイツの理論家たちが、救済宗教をめぐる、あるいは人類の精神文化の展開とそのなかで救済宗教が果たした役割についての理論を築いてきました。これらの理論はおおよそのところ、その後の宗教学の議論に受け継がれてきています。

それを示すものとして、アメリカの宗教社会学者ロバート・ベラー（一九二七〜二〇一三）が発表した『宗教の進化』（一九六四年）という論文を紹介します。これは宗教を類別し、それを歴史的な変化の構図のなかに描くという点でよく整理されており、現在に至るまで参照されることの多い論文です。

ベラーは、宗教を「未開宗教（primitive religion）」「古代宗教（archaic religion）」「歴史宗教（historic religion）」「近代宗教（early modern religion）」「現代宗教（modern religion）」という五つの段階に分類しました（島薗進「「宗教の進化」を論じうるか」）。

このうちの「歴史宗教」と「近代宗教」が救済宗教にあたるものです。「近代宗教」は、救済宗教のなかでもとくにキリスト教のプロテスタントを指します。「近代宗教」は「近世宗教」と訳した方がよいのかもしれませんが、プロテスタントだけというのは西洋中心の偏った歴史観と見えるかもしれません。現代宗教（これも

「近代宗教」と訳した方がよいかもしれません）がどのようなものであるかは必ずしも明確ではありません。論文発表と同時代の宗教思想を例示していますが、この論文が書かれた一九六〇年代ではまだ予見的に見えているにすぎなかったものです。

いまから見ると、この分類はやや単純化しすぎているように映るかもしれませんが、救済宗教（歴史宗教・近代宗教）には「前」と「後」がある、という大きな見取り図として見ればよいでしょう。その限りでは、現在も多くの人に受け入れられているものではないかと思います。つまり、歴史宗教が「軸の時代」に成立し、近代以降にそれが過去のものになっていく。歴史的に多くの文明を支えてきた救済宗教（歴史宗教）が成立することによって、人類史は大きく展開してきたということが図式化されています。そして、軍事力による国家支配と階級社会によって特徴づけられるような時代において、救済宗教が国家から何ほどかの自律性をもって精神文化の優位に基づく「もう一つの秩序」を示すものであったことを示す理論ともなっています。

しかし現代は、その歴史的な救済宗教が後退していく時期であり、近代宗教は救済宗教からそれ以後の宗教への過度期に生じたものと捉えられているようにも見えます。では現代に生きる私たちは、どのような精神文化的な問題に直面しているのか——ベラーが示した図式からはこうした問いが生じてきます。そしてこの問いは、現在の宗教について学ぶ上で、避けることのできない問いとなっています。

近代における実存の探求としての救済宗教理論

この章で紹介してきた、トレルチ、ウェーバー、ヤスパースというドイツの三人の理論家、そしてベラーによる救済宗教の理論は、それぞれアプローチは少しずつ異なっているものの、人類史のなかに救済宗教を位置づけようとした試みだったという点で共通しています。彼らはなぜ、そのような捉え直しを試みたのでしょうか。そこには、彼らが生きた近代という時代が大きく関わっています。

日本ではいま、カルト的な宗教による問題が表面化したことを受けて、「宗教二世」という言葉が広く知られるようになりました。宗教二世の人のなかには、本人の意思とは関わりなく親の信仰を押し付けられたことで、つらい思いを抱え、信仰から離れるという選択をするケースが少なくありません。

宗教をめぐるこのような選択は、実は近代化という過程のすべてにおいて経験されたことでした。少し大げさにいうならば、近代人はそもそも宗教二世的である、といってもよいと思います。第4章でその過程を詳しく見ていきますが、近代は二千年近くにわたって権威をもっていた救済宗教の影響力が後退していく時代でしたが、そのようななかで宗教にこだわった知識人が数多くいました。

その代表であるニーチェやフロイトは、いずれもノイローゼやうつ病に相当するような経験をしています。神学とは一線を引いた立場で宗教の可能性を深く追究したウェーバーもうつ病を患いました（その療養も兼ねてのアメリカ旅行に同行したのがトレルチでした）。彼らにとって宗教と向き合うことは、それほど切実な課題だったということでしょう。

ヤスパースは、自身の家に由来する明確な信仰はもっておらず、一方、妻はユダヤ教徒であるという環境で、キリスト教に根差さない独自の「哲学的信仰」というものを示しました。彼なりに信仰の問題を徹底して考えた先に生まれたその概念は、現在の宗教理論において「スピリチュアリティ」と呼ばれるもののひとつの形態のようにも思えます。ヤスパースは「救済宗教以後」を見据えていた、といえるでしょう。

このような姿勢や問題意識は、救済宗教の理論を築いた人たちすべてに共通していることかもしれません。救済宗教を理論化した彼らは、ある意味で「救済宗教以後」を展望しようとしていた。救済宗教以後という問題意識から遡《さかのぼ》って、救済宗教とは何かを考えたのです。現代社会は「第二の軸の時代」ではないかという考え方を提起する論者もいます。

最後に紹介したベラーの仕事は、明らかにこれにあてはまります。ベラー自身も信仰においてはいろいろな遍歴を重ねています。彼はもともとアメリカのプロテスタントの長老派に属していましたが、親世代から受け継いだその信仰に満足できなくなり、禅に取り組んだり、イスラームに深い関心を寄せたりしました。宗教の研究者として業績を上げた彼が、子どもたちの早逝といった不幸などの経験の末、アメリカ精神文化研究に転じ、最終的に自らの信仰としてたどり着いたのは、プロテスタントのなかではカトリックに近く、儀礼を重視する聖公会《せいこうかい》（英国国教会）でした。

救済宗教の理論家たちはみな、自身の実存的な探求の末にその理論を築いたといえるでしょう。救済宗教を人類史のなかに位置づける。その取り組みが、自分自身の探求にそれぞれ役立ったのだと思います。救済宗教は人類文明にとって不可欠なものである。その確信がある一方で、それをそのまま引き継いでいくことの困難さにも直面している。そのあいだで揺れながら格闘したのが、この章で紹介した理論家たちでした。そんな彼らの格闘は、そのまま現代の私たちに引き継がれているように思います。

第4章

「救い」のゆくえ

――「救済宗教以後」を問う

近代の宗教論

第3章では、十九世紀後半から二十世紀中頃に確立されていった救済宗教の理論を、主にドイツの一群の学者・思想家たちの仕事から見てきました。この章では、それらと同時代から現代に至るまでの、宗教をめぐる議論や宗教に関わる新たな動向を広く見渡してみます。そして最終的に、現代において救済宗教は人類の精神文化史上、どのような位置を占めるのか、また救済宗教について考えることは私たちに何をもたらすのかを論じてみたいと思います。

まず、近代に起きた宗教をめぐる議論について整理しましょう。近代の宗教論から三つの大きな方向性を取り出してみます。一つは、救済宗教にこそ人類に不可欠の宗教の根本があるとする見方です。他の二つはいずれも救済宗教に批判的・懐疑的な立場を取るもので、「宗教批判」と「世俗化論」です。

伝統的な救済宗教にこそ宗教の根本がある、そして宗教は人類に不可欠なものだとする見方の代表的なものは、第3章で解説したトレルチなどの救済宗教理論です。

救済宗教は人類の精神文化の重要な到達点であり、私たちが生きていく上での根拠となる原理を示したものである。救済宗教こそ高次の真理の担い手であり、いまも確かな生き方の基盤を提供できる精神文化である——こうした見方には根強いものがあり、それを支持する議論は、その後も堅固に続いています。

キリスト教圏の西欧のみではなく、たとえば日本でも、明治末期から昭和期までに形成された西田幾多郎《きたろう》、鈴木大拙《だいせつ》、田辺元《たなべはじめ》、西谷啓治《にしたにけいじ》らを中心とする京都学派の哲学者や、日本思想史の研究者・家永《いえなが》三郎、丸山眞男《まさお》、東洋に力点を置きながら独自の宗教思想解釈を展開した柳宗悦《やなぎむねよし》や井筒俊彦《いづつとしひこ》などが「宗教とは何か」を問う議論を展開しましたが、その際に彼らが典型的な宗教のモデルとして念頭に置いていたのは、第3章で確認した救済宗教でした。空海や道元や親鸞や日蓮こそ、大乗仏教の思想を深く理解し、現代人の主体性を支えるに足る思想資源を提示していると考える日本人は、いまも少なくありません。

宗教批判

これに対して、近代における宗教論のもう一つの大きな流れが「宗教批判」です。いま述べたような宗教に対する肯定的な議論とは対照的な、「救済宗教は人類の発展に対して有害だ」「救済宗教の抑圧性からの解放が必要だ」という議論が、近代化とともに次第に強まっていきました。

救済宗教の何が批判されるのでしょうか。まずは、「真実に反することを信ずることを求める」ということがあげられます。全知全能の神の存在、死後のいのちの存在、復活・生まれ変わり、苦を完全に脱する境地、教祖の神聖性・超人性、それらを真理として提示する聖典の完全性などは、知的に受け入れることができない。にもかかわらず、それを真実とすることを求めることへの批判です。

十七世紀の科学革命以来、近代科学によって、地球が宇宙の中心に位置するのではないこと、地球上の生命がすべて神の意思によって創造されたのではないことなどが示された。科学は救済宗教が前提とする世界観を打ち破った、という考え方が広まりました。とりわけ、十九世紀の中頃、ダーウィンの進化論が登場し、旧約聖書の創世記に記された「神によるすべての被造物の創造」という教えが崩れたことは、キリスト教の信頼性を大きく揺るがすものでした。

このように救済宗教の教えは、まずその真実性への疑いによって批判されました。こうした批判は近代科学や科学的知識への信頼と組み合わされていました。科学的知識こそ人間を幸せにしてくれるものであり、宗教は有用な知識を提供してはくれない、と考えられたのです。

加えて、救済宗教が説く生き方への批判も強まってきました。わかりやすいもののひとつは、救済宗教が促すとされた現実逃避への批判です。

それとともに救済宗教が教える生き方や価値観への批判も広まります。救済宗教は、誤った幻想を鼓吹《こすい》し、実在しない力に依存させたり、死後の救いに希望を託させるなどして、この世で達成できるはずの幸福や共同利益から人々を遠ざけてしまうというものです。

これと密接に関わっていますが、救済宗教における現世否定的なものの考え方も批判されます。伝統的な救済宗教の教義・思想においては、来世やこの世を超える超越的な世界にこそ高い価値を置き、この世の人間の営みの価値を低く捉える側面が確かに存在します。

また、救済宗教は人間の生に伴う「悪」の根深さを強調することも広く見られます。ときには人を脅し、恐怖感を煽《あお》るようなかたちで、「この世の苦しみは前世で犯した罪の報いだ」などと説くこともあります。これらの特徴が抑圧や排除につながるものとして批判されました。

現世否定的であることへの批判にも通じますが、宗教が課す禁欲主義も批判の対象になりました。性的な禁欲も含めて、宗教にはこの世で充実した生活を送ることをあえて避けるように促す面が少なくありません。そして、この世のよりよきものを求めて行われているさまざまな活動（そこには政治や経済なども含まれます）への関与を消極的にさせることにもつながると批判されました。

マルクスによる宗教批判

宗教に対するこうした批判をさらに深めて、権力構造と関係づけて展開した思想家の一人が、『資本論』やフリードリヒ・エンゲルスとの共著『共産党宣言』で知られるカール・マルクス（一八一八～八三）です。

マルクスは『ヘーゲル法哲学批判序説』（一八四四年）のなかで、宗教を信仰するということは、この世で実現できるはずの物質的な条件に基づく人間の幸福から目をそらすことだ、と述べています。そうした幸福を達成するための努力から逃げ、観念の世界のなかで代償《だいしょう》満足を得る。あるいは来世での救いというものに逃げる。これを指してマルクスは、「宗教とは民衆のアヘンだ」と喝破《かっぱ》しています。つまり宗教とは、物質的・経済的・政治的に恵まれない立場にある人たちが、その状況に甘んじつつ、幻想的に自己を慰安《いあん》するためのものであり、その意味で麻薬と同じだと論じたのです。

この考え方によれば、民衆が宗教をよりどころにすることは、政治支配者の側からするとたいへん好都合ということになります。現実世界では権力や富の不均衡があったとしても、民衆に対しては、宗教によって観念の世界で補償がなされればよいことになるからです。宗教は現実の不公正を押し隠し、人々がそれに抗《あらが》う意欲をそぐ働きをするものだと捉えられます。

マルクスは、観念世界の代償満足ではなく、物質世界や政治的世界への積極的な関与を通じてこそ、人はより幸せな現実を達成できると主張しました。それがすなわち共産主義の実現で、将来その目標を達成したとき、人は完全な自由を得られる、と述べたのです。人知で経済生活を制御して、社会の福利を拡大していくのが共産主義や社会主義で、それは宗教や神仏などの力に依存するのではなく、人間自身が幸福実現の主体となる社会を目指すものだと主張しました。

これは、宗教が観念世界で求めてきたものが現実世界において得られるということですから、やや楽観的でユートピア的な理想といえるかもしれません。しかしマルクスは、科学による正しい認識をもって現実に向き合えば、それが達成できると人々を鼓舞したのです。

ニーチェによる宗教批判

権力構造と関連づけた宗教批判のもう一人の代表的な論者は、哲学者のフリードリヒ・ニーチェ（一八四四〜一九〇〇）です。ニーチェは『道徳の系譜』（一八八七年）という本で、主にキリスト教を標的とし、キリスト教は「奴隷の道徳」であり「ルサンチマン」に基づく宗教だと痛烈に批判しました。

ルサンチマンとは、直訳すると「反動的な感情」という意味で、妬《ねた》み、恨《うら》み、憎しみなど、他者に対する否定的な感情を表します。ニーチェは、ルサンチマンとは自分の弱さの自覚と結びついており、その弱さを取り返したいという欲求がねじれたかたちで表現されるのが宗教だと主張しました。

ニーチェは、人間が元来求める価値とは生命の充実であり、それは貴族的な実感に基づくものだと述べます。

高貴な人々、強力な人々、高位の人々、高邁《こうまい》な人々が、自分たち自身および自分たちの行為を「よい」と感じ、つまり第一級のものと決めて、これをすべての低級なもの、卑賤《ひせん》なもの、卑俗《ひぞく》なもの、賤民《せんみん》的なものに対置したのだ。こうした距離の感じから、彼らは初めて、価値を創造し価値の名を刻印する権利を獲得した。

（『道徳の系譜』岩波文庫）

高貴なものこそ価値があるという人類のもともとの価値意識は、劣ったものに対する距離や、自分たちはすぐれているという誇りの感じと結びついているというのです。

ところが、ある時期から人類は、そうした貴族的な価値に対して否定的な評価をするようになります。それに代わって、人々は同情や非利己的なものを称揚《しょうよう》するようになる。これがキリスト教の隣人愛や平等主義です。ニーチェはこれを「僧《そう》職《しょく》階級の支配」といっています。僧職階級とは宗教に携わる人のことで、彼らは生の充実を目指す人々の意思を抑えて鬱屈《うっくつ》させ、政治・経済・物質界で達成されるすぐれたものを否定し、それとは異なる〝尊い〟価値観を提示します。その価値観の特徴は、「弱さ」に対する価値付けを含んでいることだとします。

つまり、僧職階級やその代表であるイエス・キリストは、弱者のルサンチマンをあたかも立派なものであるかのように捉え、彼らが生の充実を達成できないことの恨みを正当化しようとした。これをニーチェは皮肉を込めて、「《反感《ルサンティマン》》そのものが創造的になり、価値を産み出すようになった」(同前)と表現し、それはまさに「奴隷道徳」であると主張しました。

生を否定する道徳の系譜を暴く

ニーチェは、弱者が自己肯定し、高貴なものを引き下ろそうとするところに、宗教が掲げる利他主義の隠れた動機があると指摘しました。そこでは、「そもそも自分は罪ある者だ」という意識が育てられ、罪意識こそが価値あるものとされるのですが、それは本来、外に向けて発揮されるべき力を内側に向けて自分を責めているにすぎない。キリスト教とはそのような歪《ゆが》んだ精神文化のあり方だ——ニーチェはこのように捉えたのです。

一方、仏教は、キリスト教ほどルサンチマンには根差していないとニーチェは述べています。仏教はある意味で現実をあるがままに認めている。しかし、同時に生の充実を別のかたちで避けている。ひたすら平穏な心を求めており、いわば生の否定を理想化している。仏教はキリスト教とは異なるものの、やはり生を否定するデカダンスの宗教、ニヒリズムの宗教だとニーチェは結論しています。

『道徳の系譜』ではさらに、こうした良き生の否定をもたらす救済宗教的な考え方は、プラトンに始まる現実軽視の形而上学（イデア界という理念の世界にこそ本来のものがある）とも支え合い、現実と距離を取って冷静に物事を見つめることが正しい理解を深めるとする近代の「客観的科学」にも受け継がれていると論じられます。要するに、形而上学も近代科学も、生から遠ざかる現実逃避だというわけです。

近代文化が合理的知識を重視することで、知性偏重ではない充実した人間的な生のあり方から人を遠ざけていく傾向を、ニーチェは軸の時代のキリスト教や形而上学に見られる現実から遊離した観念的・知的領域への閉じこもりと、それが反映した道徳意識に源泉があると見たのです。たいへんスケールの大きい、また鋭い近代文化批判ですが、その基礎にはニーチェの救済宗教に対する独特の批評的な見方がありました。

このように、道徳意識や規範意識というものは歴史的に形成されるものだとして、その経過を解きほぐしていくことによってその抑圧性、暴力性を暴く。そして、その負の効果を脱していくことにこそ自由を取り戻す可能性が生じるとする。これがニーチェが実践し、本のタイトルにも掲げられている「系譜学」です。

階級社会が現世否定を生む

以上、十九世紀の宗教批判を代表するマルクスとニーチェの主張を見てきました。マルクスは、合理的な知識に基づく将来の人間の解放という観点から、救済宗教の消極性を批判しました。ニーチェは、救済宗教に向かう人間の心理に、良き生を否定して現世から逃避するという精神的なねじれを読み取り、それを批判しました。二人の議論にはこうした違いがあるわけですが、一方で、彼らの議論の根底には共通の認識も見られます。それは、救済宗教の現世否定の源泉を社会の権力関係に見るというものです。

第3章で、世界各地に救済宗教が起こった「軸の時代」について触れました。この時代には同時に、一部の人間に富が集中し、都市文明が発達して、政治・軍事・文化的な領域における少数のエリートが権力を行使します。その一方には多くの大衆がいて、エリートたちの指示に従い、支配に服している。

このような階級社会では、その構造からして、人々が力による支配に対する疑問をもちます。マルクスとニーチェはいずれも、救済宗教が現実の状況との直面を避けて、問題をずらして擬似的なやすらぎを得ようとすることを問題にしていたといえます。力による支配のもとで、弱い立場の人たちは本来、疑問をもつはずであった。しかし救済宗教によって〝仮の納得〟をさせられてきた。そのことに対して、近代では大きな疑問が生じている。マルクスとニーチェによる宗教批判には、そのような共通の認識がありました。

集団結束と排除

二十世紀、とりわけその後半以降に目立つようになってきた、より新しい宗教批判は、救済宗教が排除の機能をもっていることに関わっています。第2章でも述べたように、救済宗教は集団の結束をもたらす働きがあります。同一の宗教を信仰する人々は「同じキリスト教徒」「同じ大乗仏教徒」「同じ天理教の信徒」というように、同じアイデンティティをもつ人として連帯感をもちます。それは教祖崇拝、指導者崇敬を通していっそう強化されます。さらに、同じ価値観をもっているために、たとえば同性愛は認められないなどのかたちで、その価値観のなかでマイナスのしるしづけをされる人を排除することも生じます。

二十世紀の中頃以降、宗教が異なることによる集団の対立が次々と起こって、時には大量の住民が難民となって移住せざるをえなくなるような事態も生じています。パレスチナではユダヤ人とイスラーム教徒の対立が長く続いており、多くの血が流されました。北アイルランドでは同じキリスト教徒のカトリックとプロテスタントのあいだで武力闘争やテロが続きました。南アジアでは、ヒンドゥー教徒、イスラーム教徒、仏教徒、シーク教徒のあいだで度々紛争が起こり、今日に至っています。冷戦崩壊後の旧ユーゴスラヴィアでは東方正教会、カトリック教徒、イスラーム教徒のあいだの戦争が続き、国家分裂が起こりました。

これらの争いのすべての原因が救済宗教のあいだの対立によるものだとはいいきれず、民族間の対立やナショナリズムの影響と見る方がよい面もあるでしょう。しかし、そこに救済宗教がもたらす結束力とそれと切り離せない排除が作用していることは否定できません。救済宗教のこうした団結と排除は、日本では「カルト問題」を通して強く実感されたところがあります。一九九〇年代のオウム真理教事件、二〇二二年に注目を集めた統一教会問題によって、私たちは救済宗教がはらんでいる排除の働きについて、あらためて考えさせられることになりました。

「世俗化論」の広がり

近代においては、救済宗教を高く評価する宗教観と、救済宗教こそが人間精神の停滞を招いてきたとする宗教批判が並び立っていました。もう一つ、この時期に広く論じられた宗教論として「世俗化論」があります。

世俗化とは神聖化の反対語です。世俗化論とは、「宗教は次第に衰退していく」「近代化が進むとともに宗教は社会的影響力をますます失っていく」という認識をもった上で、その動向をどう捉えるかをめぐる議論を指します。世俗化論は、二十世紀の中頃に盛んに論じられました。宗教社会学という学問分野では、ブライアン・ウィルソン、トーマス・ルックマン、ピーター・バーガーなどの議論がよく知られています。

そもそも世俗化はなぜ起こるのでしょうか。その理由の一つには、先ほども触れた、科学的知識の増大が挙げられます。科学が発達・普及したことにより、かつて宗教が前提としていた世界観や人間観が疑問視され、批判されるようになる。そして、そのような見方が学校教育を通して多くの人に受け入れられていく。「宗教から科学へ」という近代の大きな流れが世俗化の一つの理由です。

これを社会の機能分化という観点から捉え返すこともできます。科学的知識や合理的な活動様式によって動く社会生活の諸領域が増え、それまでは浸透していた宗教的なものの見方が次第に排除されていくという事態が進行します。一次産業が経済活動で大きな位置を占めていた時期には、生産活動と祈りは密接に結びついていました。近代の企業経営者にも宗教を重視する人がときどきいますが、企業組織の諸活動のなかでは宗教が占める位置は小さくなっています。

近代以前の教育では宗教者や宗教組織が大きな役割を果たしていました。ところが、近代国家では公立学校が大きな役割を果たすようになり、そこでは特定宗教の影響を排除するのが妥当とされます。民主主義へと移行する以前の君主制の時代、王権と宗教組織は密接に結びついていることがふつうでした。しかし、近代の立憲主義のもとでは、宗教集団の影響力は後退していきます。信教の自由や政教分離が原則とされる社会では、宗教は公的領域から退いていくのが当然と考えられるようになります。近代社会では諸領域の機能分化が進み、その結果、宗教は私事化し、衰退したとするものです。

さらに、もう一つの理由が「生活の個人化」です。宗教は、多くの人に共有された文化のなかで伝えられ、共同体の統合の機能を担ってきたものです。しかし個人化が進むと、そうした共同体的なものに対して距離ができていきます。「共同幻想」と個人のあいだに距離ができたといってもよいでしょう。結果的に、多くの人に共有されてきた世界像や価値観に疑問や違和感を覚え、個人それぞれが認める世界像や価値観をもつようになる。つまり、多様な世界観が共存する時代になる。そうなると、かつてのように唯一の宗教的世界観が「普遍的」なものとして受け入れられなくなる。当然、宗教の影響力は弱まっていくと捉えられました。

加えて、近代に至る時期の宗教の側にも、世俗化を助長する要因があったとされます。弱い立場の人を支え、権力などに対するオルタナティブとしての機能を果たしてきた宗教ですが、長期にわたって存続すれば、組織の旧態依然化は避けられません。

日本の仏教を例に挙げると、江戸時代には檀家《だんか》制度が敷かれ、社会の安定に寄与するためとの名目ですべての住民が一定の寺院に所属させられました。これによって寺院は経済的な安定を得ることになりましたが、それに甘んじて、檀家の葬祭などを形式的に行うようになっていき、宗教としての本分が失われていった面があるのも事実です。近代以降に見られたこのような傾向は、人々の宗教に対する信頼をさらに失わせることになったと論じられました。

ポスト世俗化の宗教の動向

では、世俗化はどこまでも進んでいくものなのでしょうか。世俗化には限界があり、一方的に宗教が後退していくわけではないのではないか。一定程度世俗化が進むとしても、そのあと人々はどこへ向かっていくのか。これらの問いについては第3章で触れたように、マックス・ウェーバーが予見的な見方を示していました。

救済宗教の最も洗練されたかたちとされるプロテスタンティズムが進んでいくと、資本主義が発展し、合理化が進んでいく。すると合理化を進める背後にあった宗教的なものがだんだん失われていき、やがて合理性だけが残る。そうなると、人間は合理性でがんじがらめになった社会環境のなかで、心のよりどころを失って生きていくことになる。これをウェーバーは「鉄の檻」のなかに生きる人間と表現しましたが、この予見に頷く現代人は多いのではないでしょうか。

このように、近代の理論家たちによる救済宗教論は、一方で宗教の価値の称揚という側面をもっていましたが、他方で、救済宗教そのものの存続への否定的な見方を含んでいる場合があったのです。そして実際、二十世紀の最後の四分の一になると、「救済宗教以後」を求めようとする動きが次第に顕著になっていきます。

ここからは、救済宗教から救済宗教以後へという大きな流れを背景に、近代から現代にかけて、宗教にどのような変化や新しい動きが生まれたのかを見ていきましょう。

日本の新宗教とポスト世俗化

まずは、日本を舞台にその変化を概観します。第２章で見たように、日本においては、西洋での宗教理解とはやや異なるかたちで、独自の救済宗教が展開しました。そして、そこには当初から、「救済宗教以後」に接続するような特徴も認められました。

これまで何度か触れたように、日本では近代への転換期に先立つ頃から新しいタイプの救済宗教、「新宗教」が登場しました。伝統的な救済宗教の特徴の一つに現世否定的な側面がありますが、日本の新宗教は、概して現世肯定的です。「救い」

は来世で実現するものではなく、この世で実現するもの、と説くタイプの救済宗教が発展しました。

その代表が、第2章でも紹介した天理教です。天理教には神による人間創造の神話があります。それによれば、人間創造を導いたのは月日《つきひ》親神《おやがみ》という男女両性の神ですが、その神が人間をつくろうとした理由は、人間に「陽気《ようき》ぐらしをさせたい」からだといいます。そして、それを見て楽しみたいという。キリスト教のアダムとイブの神話が、彼らが罪を犯すことで人類の繁殖が始まったと物語るのとは対照的な、まさに現世肯定的な神話です。

こうした側面は、その後も多くの新宗教に受け継がれていきます。この世には確かに苦しいことがある。だから人は救われなければならない。しかし、救いが実現するのはこの世を超えた次元ではなく、まさにこの世においてである――このような考え方です。また、神や超越者についても、この世を超えていると同時にこの世のなかで働いているという側面が強調されます。そのため新宗教の宗教活動は、この世において、家庭生活や職業生活のなかでよい人間関係をつくり、よい生活を行っていくことを通じて実践できるとされるのが、その特徴です。

日本の新宗教のこのような現世肯定的・現世志向的なあり方は、日本の宗教文化そのものの特徴と関わっていると考えられます。たとえば、神道では来世は強調されません。また、仏教のなかでも主に平安時代に広まり、その後の日本仏教や神仏習合の基底ともなった密教では、即身成仏《そくしんじょうぶつ》といってこの世で仏になれることを説いています。神仏がこの世から遠い存在ではなく、この世に近い存在と信じられる傾向があるのです。

現世肯定的な諸宗教の存在

第3章で紹介したロバート・ベラーは、日本の救済宗教は半ば古代的なものにとどまっている、つまり日本は自然宗教的なものから抜けきれていない、と述べています（『宗教の進化』、『徳川時代の宗教』）。これは第2章の冒頭に取り上げた阿満利麿の『日本人はなぜ無宗教なのか』の論点とも重なります。その特徴が、近代になって「救済宗教であるのに、自然宗教的なものを受け継いでいる」新宗教というかたちで現れてきた、と考えられます。

新宗教も「救い」を掲げる宗教なので、「苦しみ」「苦難」を重視します。しかし、「苦しみ」「苦難」以上に、それが克服されて実現する幸福に向けた希望がより大きな要素を占めています。このあり方には、世俗化以後の救済宗教がどのような方向へ向かうのか、という問いへの答えにつながる部分があるといえるでしょう。

というのも、「宗教から科学へ」という大きな流れのなかで世俗化が起こったとはいえ、科学だけで人間が直面する困難な問題をどれもこれも、しかも現世において解決できるかというと、決してそんなことはありません。あるいは、マルクス主義のようにこの世のユートピアを思い描く思想にもやはり限界がある。なぜなら、この世の苦難、あるいはヤスパースのいう限界状況というものは、物質的な富が増大する近代世界においても変わらず存在するからです。人間は限界に直面して生きなければならない存在であるという状況は、科学文明が進む社会においても続いており、今後も続いていくでしょう。

そのなかで、この世を超えた価値ではなく、この世の中でよりよきものの方に目を向けていく。これが現代に向かう時期に発展した救済宗教の新しい一つの傾向であり、後述する二十世紀の終わりの「スピリチュアリティ」の広がりへとつながっていくものでもあります。

世俗化論の限界

先ほど私は、二十世紀中頃には世俗化論が盛んになったと述べました。科学の発展、社会の合理化、生活の個人化によって、宗教はその影響力を低下させていくという議論です。しかし二十世紀の最後の四分の一になると、欧米諸国の学者からも世俗化論の限界が指摘されるようになります。「宗教は衰退する」という考え方が妥当しないような事態が、あちこちに見られるようになってきたからです。

その一つが、各地で起きた信仰復興的な動き、とくに民衆レベルでの宗教性の強化です。つまり、知識層は宗教から脱却していくように見えるけれど、一方で庶民層や中間層はこれまで以上に熱心に宗教に関わっていく。このような傾向が、近代化が進むなかで見えてきたのです。たとえばキリスト教では、聖書に基づく立場を強く主張する福音《ふくいん》派や、深い感動に満ちた個人的宗教体験を重視するペンテコステ派のような教派が、庶民層のあいだで広がりを見せています。

近代以降、万能と思われていた科学への疑いも、世俗化論に疑問を投げかけました。科学は決してすべての希望を実現できるわけではなく、さらに科学による発展を過剰に追求した結果、環境問題などの新たな課題にも直面するようになった。また、ニーチェの宗教批判でも見たように、科学は「対象と距離を取る」ことを基本とします。それによって認識できる事柄は増えるけれど、それは人間の主体的な生き方や、いのちの充実に必ずしも直接的につながらない。世界は科学によってコントロールできるかもしれないが、そこに豊かな人間の生はないという認識が強まり、結果として、科学一辺倒の文明への疑いは広まっていきました。

近代的宗教観のバイアスからの脱却

これに伴い、知識層やエリート層の宗教の見方に疑問が付されるようになり、また、救済宗教こそすぐれた宗教だという見方に対しても批判が強まっていきます。

科学であろうと、宗教に基づくものであろうと、知的エリートによる理性中心の世界観というものは、現実離れしており、人間の生の充実に逆行する、という認識が広がっていきます。中世から近代初期に高い敬意を払われていた宗教思想は、救済宗教の信仰を前提とするものでした。ところが、そうした宗教観は次第に信憑性を失い、現代生活から縁遠いものと感じられるようになってきています。

実際、合理性が高いプロテスタントこそが近代人に適合する救済宗教だというような見方は、一部の選ばれた人にとっての宗教観を重視しすぎていて、多くの人々が受け入れてきた宗教とは距離があります。他方、庶民が受け入れ、実践してきた宗教の諸側面は、近代化が進んでも案外に根強さをもって存続している例が少なくありません。日本の場合、葬祭や墓参りや巡礼などは仏教教団と結びついて根強く存続しています。

これに呼応するように、近代の救済宗教の理論において「過去の劣った文明」と見られてきた先住民の文化や、文明社会でも根強く存続してきた民衆文化に対する敬意が育っていきます。文化人類学の発展や、芸術的な感性で先住民文化に接する人たちの主張などによって、そこに豊かな精神文化が備わっていることが見直されていきました。また、この世のあらゆる局面に神霊が作用すると信じるアニミズムは、かつては人類の知性が十分に発達していない時代の文化と見なされていました。しかし、知性過剰の時代に私たちが見失ってしまった自然との豊かな交流として、また死者と生者の大切な相互作用を活性化させるものとして、これもまた見直されてきています。

新しいスピリチュアリティの登場

「宗教なしの社会生活」こそがノーマルであり、それこそが公共領域の条件だとするような考え方を「世俗主義」といいます。世俗化論は世俗主義と歩調を合わせて受け入れられてきました。ところが、世俗主義の限界が指摘され、ポスト世俗主義の時代へと移行していく一九七〇年代頃から、「救済宗教以後」の精神文化が世界的に求められるようになります。それが「スピリチュアリティ」という言葉で表されるものです。

スピリチュアリティとはもともと、宗教を信仰している人のなかでもとくに深い宗教性を体現している人の信仰のあり方や、その資質を表す言葉でした。それが二十世紀後半になると、次第に従来の宗教の枠組みを超えて、個々人がもつ宗教的な資質やそれぞれに大きな意義があると感じる体験のことをスピリチュアリティと呼ぶようになります。

アメリカでは、一九七〇年代頃から「ニューエイジ（New Age）」と呼ばれるものへの関心が高まります。ニューエイジとは、直訳すると「新しい時代」ですが、これは近代の科学中心の文明のあとの時代という意味で「ニュー」であると同時に、キリスト教などの救済宗教が支配してきた二千年の歴史のあとの時代（ポスト救済宗教）という意味での「新しい時代」でもあります。我々はいま、キリスト教とは異なる新しい精神文化の時代に入った。それは現世を否定せず、この世における個々人のスピリチュアリティを重視するものだ——そのように認識する思想が多数の人々に受け入れられるようになってきたのです。

ニューエイジは、多種多様な宗教的あるいは霊的な実践をひとくくりにした総称ですが、あえて一言でいうなら、目に見えない領域に触れることで人間の潜在能力の発展（自己変容）を実現しようとする運動です。アメリカでは六〇年代頃から、インドのヨーガや瞑想《めいそう》、あるいは中国や日本の「気」や「陰陽」の理論や実践など、アジアの宗教的伝統の影響を受け、瞑想やボディワークを通じて自己変容や癒しを求める動きが広がりました。

また、新大陸の先住民の宗教やアフリカの外来宗教以前の宗教、アフリカ文化の影響を受けたブラジルやカリブの宗教、さらには西ヨーロッパのケルトの宗教文化などをポジティブに評価し、それに学ぼうとする動きも活発になっていきます。これは自然宗教の新たな様態での復興といえるでしょう。日本で柳田國男《やなぎたくにお》や折口信夫《おりくちしのぶ》が探求した古代以来の日本の民俗宗教への関心もこれと同時的です。琉球やアイヌの宗教に学ぼうとしたり、パワースポットに惹かれたりする人々も増えてきました。

一九七〇～八〇年代にかけてこれらのムーブメントは支持者を増やし、ニューエイジは隆盛を迎えます。その過程で「トランスパーソナル心理学」などスピリチュアルなセラピー（心理療法）も注目されました。トランスパーソナル心理学とは、瞑想などによって実現される〝心のより高い次元〟を取り入れながら、現実の困難な問題にも対処していくとする心理学です。日本では七〇年代末から「精神世界」という言葉が盛んに用いられるようになりますが、これはアメリカにおけるニューエイジと非常に近いものです。私はこれらを「新霊性文化」と呼んだり、「新しいスピリチュアリティ」と呼んだりしてきました。

限界意識のスピリチュアリティ

宗教が多くの人に共有される体系的なものであるのに対して、スピリチュアリティは個人がそれぞれに受け止め、体現し、そしてかたちにしていくものとされます。そのスピリチュアリティにも、時を経るごとにさまざまな方向性が現れてきます。ニューエイジや精神世界など、ポジティブな自己実現を目指すスピリチュアリティを、仮に「自己変容のスピリチュアリティ」と呼ぶことにしましょう。

これに対して、ほぼ同じ時期に、私の独自の用語になりますが、「限界意識のスピリチュアリティ」と呼べるものが広がっていきます。自己変容のスピリチュアリティとは異なり、むしろ深い悲しみや心の痛み、解決が困難な苦難に焦点を合わせるもので、死に向き合うこと、大切なものの喪失や死別の経験に向き合うことを基軸とするスピリチュアリティです。ヤスパースの言葉を借りれば、限界状況の自覚、スピリチュアルケアに関わる用語を借りれば「スピリチュアルペイン」に取り組む集いや場の形成がそれにあたります。

その代表的なものが、アルコール依存症の人たちの自助グループであるＡＡ（Alcoholics Anonymous）です。ＡＡは、メンバーがお互いの困難に向き合いながら、苦しみや悲しみがあることを前提に支え合って生きていくためのグループです。彼らは既存の宗教に向かうことなく、スピリチュアルな経験を共有することを重視します。

お酒を飲まない生き方を続けていくための「12ステップ」というＡＡが掲げるプログラムがあります。その第一の特徴は、自分の力では依存症に太刀打ちできないという「限界」の自覚を強くもつことを促していることです。その上で、自分を超えた何ものかがその限界を超える力を提供してくれると信じることが謳《うた》われている——これが第二の特徴です。「救済」の観念に近いとも捉えられますが、救済そのものを信じるというよりは、限界に向き合っていく姿勢や方法を提供することに重点が置かれ、自分を超える存在を想定してはいますが、その実在が強く主張されているわけではありません。

この「限界意識のスピリチュアリティ」は、グリーフケアや死生学《しせいがく》という領域でも展開されてきています。やがて訪れる自らの死の恐怖や悲歎、あるいは親しい人との死別の悲しみに向き合う人を、どのように支えるか。このような課題に向き合う領域においても、従来の宗教のように救済を強く唱えるのではなく、死や死別による限界を自覚した上で、その事実に向き合って心折れるようなことなく生きていくことを促し支える、そのような意味でのスピリチュアリティが、広く共有されるようになってきています。

スピリチュアリティにおける「救い」の捉え方

このような「限界意識のスピリチュアリティ」から見えてくることは、新しいスピリチュアリティの動向において「救い」を軽視しているわけではないということです。現世志向のものではありますが、救いの希求に近いものが見られます。ただ、かつての救済宗教とは異なる捉え方をしているのです。救済宗教においては、「救われる」と「救われない」は明確に違うものと考えられており、それは「信じる」か「信じない」かという二分法とつながっていました。信じる者は救われるが、信じない者は救われないというように、そのあいだに一線が引かれています。ここに、救済宗教の普遍主義が異質性を包含しにくいという特徴が反映しています。

これに対して、新しいスピリチュアリティはもう少しおおらかなのです。

たとえば「お迎え現象」と呼ばれるものが注目されています。死に近い人の夢や非日常的な意識に、先に亡くなった大切な人などが現れるという現象ですが、死の看取《みと》りの現場ではしばしば聞かれるものです。これに注目した仙台周辺地域の在宅医、岡部健《おかべたけし》（一九五〇〜二〇一二）は以下のように語っていました。「あの世があるかないかではない、あの世を感じるか感じないかだ。あの世があると感じ、あの世とのつながりを意識できれば、死の恐怖はずいぶんと和らぐ」（高野山フォーラム講演、二〇一一年八月）。つまり、死んだら自分はやすらかになるというイメージをもてることが大事で、これは、宗教的な信仰とはいえないけれど、死後の世界を感じ取っている状態だといえなくもないわけです。

岡部医師は死の看取りの在宅医療を進めるなかで、死後の世界の専門家としての宗教者に、大きな役割があると感じるようになります。それは死に向き合う患者さんやその家族に、救済宗教を受け入れることを勧めようということではありません。死という限界状況に向き合う術《すべ》や言葉を宗教者がもっていることに注目し、それを生かす必要があると考えたのです。これは自らのがん罹患《りかん》と東日本大震災の罹災の経験のなかで深まっていったもので、そこから日本型チャプレン（教会や寺院に属さず、施設や組織などで働く宗教者）としての「臨床宗教師」という構想が生まれました。がんに罹患し自らのすぐ前にある死を強く意識した岡部医師が注目したのは、自らも患者さんたちも経験している限界意識のスピリチュアリティだったといえるでしょう。

授業や講演などで、「死者はいるのでしょうか、死後の世界はあるのでしょうか」という質問を受けることがしばしばあります。それに対して私は、「死者はいない、というわけではない」「生きてはいないかもしれないが、まったくの不在というわけではない」と答えています。あるのかないのか、明確に線を引く必要はない。人が亡くなったあとでも、その人と自分が結びついているという感覚は、多くの人がもっており、大切にしているものです。このように死者との交わりの意義を重んじることも、現代のスピリチュアリティの一つのあり方です。

ケアのスピリチュアリティ

二十一世紀に入る頃からは「ケアのスピリチュアリティ」と呼べるような動きも目立ってきます。たとえば、大切な人との死別や重い喪失による心の痛みに苦しむ人を支える「グリーフケア」の集いにボランティアとして参加する人が増えています。グリーフケアの集いは一九八〇年代から次第に広がっていったもので、事故や事件の被害者の遺族、災害で大事な人を亡くした人たち、若い子どもを亡くした人たち、若くして配偶者を亡くした人たち、周産期に子どもを亡くした親たち、自死遺族など、さまざまな集まりがあります。自らが深い喪失の痛みを経験し、支え合いの意義を知るようになった人々がこのような集いに参加し、ファシリテーター（そのような集いで、参加者の発言を促したり、場の流れを整えたりする人）となることも少なくありません。

一九八五年八月十二日の日本航空ジャンボ機墜落事故の遺族たちが立ち上げた「8・12連絡会」は、事故遺族の会のモデルになりました。毎年、御巣鷹《おすたか》の尾根に多くの人々が集まり登拝するのですが、それは深い心の痛みを胸に死者への弔《とむら》いをともにする相互ケアの場といえます。阪神淡路大震災や東日本大震災の被災地でも、死者への弔いをともにする集いが続けられています。これらはスピリチュアルペインをともにする新たなケアのスピリチュアリティといえるでしょう。少し遡ると水俣病《みなまたびょう》の運動が念頭に浮かびますが、六〇年代にこうした動向の先駆的形態がありました。

「救い」の機能が分化する

新しいケアのスピリチュアリティは、医療や介護や教育、またボランティア活動においてだけではなく、企業活動と結びつく例も見られます。企業活動の目的を、利益を上げることだけに置くのではなく、困難を抱えた人を支援することにも置く。そのような仕事に積極的に取り組む人が増えています。あるいは、貧困に苦しむ人や障害者など社会的に弱い立場にある人たちの支援活動に、職業として、あるいはボランティアとして関わり、そのことに生きがいを感じる人たちも増えてきています。

こうした活動は、歴史的にもずっと行われてきて、弱者に寄り添う思想をもった救済宗教が大きく関わっていました。たとえば、「祈りの経営」を理念としたダスキンのような会社もあります。創業者は一燈園《いっとうえん》や金光教と親しみが深い鈴木清一《せいいち》という人でした。しかし近年見られる新しい動きにおいては、それを特定宗教を背景として行うのではなく、自分なりに何らかの意味を付与して行っている人が増えてきているのです。

　ケアを職業とする人たち、あるいはボランティアでケアに参加する人たちが、そのモチベーションや喜び、またそこでの大事な経験としてスピリチュアリティを意識していく。こうした動向が見られるようになっています。これは最近注目されている「利他」という考え方にも通じています。二〇二〇年前後には利他の意義を論じる書物がいくつも刊行されました（たとえば、伊藤亜紗編『「利他」とは何か』）。

　ここまで、二十世紀の終わりから広がり始めたスピリチュアリティを、「自己変容のスピリチュアリティ」「限界意識のスピリチュアリティ」「ケアのスピリチュアリティ」に分けて見てきましたが、新たなスピリチュアリティがこれらに尽きるというわけではありません。第1章では文芸作品のなかの「救い」のモチーフに、第3章ではヤスパースの「哲学的信仰」に触れました。救済宗教や他の精神文化に影響を受けながら、自らの生き方にしっくりするスピリチュアリティの表現に力を入れる文化創造者、表現者も少なくありません。

これらはある意味で、かつての救済宗教のなかに備わっていたものが、現代においてはさまざまな様態のスピリチュアリティに分化し、それぞれの求めに応じて働くかたちで現れたともいえるでしょう。

そこでは「救い」という概念は確かに後ろに退いています。しかし、救済宗教と現代のスピリチュアリティはまったくの別物かというと、そうではありません。救済宗教的なものが異なるかたちをとり、スピリチュアリティとして再編され、新たな形態で展開していると見ることができます。また、救済宗教と新しいスピリチュアリティが思想的に支え合っている場合もあります。救済宗教と新しいスピリチュアリティは相補的な働きをしている、そう捉えることもできるのではないかと思います。

救済宗教の根強さ

「救済宗教以後」が広く問われるようになり、その流れからスピリチュアリティと呼ばれるようなものが広まってきている。しかし、救済宗教の影響力がなくなっていくわけではない。そのような状況を、ポスト世俗化の時代である現代のスピリチュアリティの展開に見てきました。これは主に先進国での動きですが、実は世界的に見ても、いま、救済宗教が後退しているとはいえない状況が現れてきています。

たとえば、日本を含む先進国では宗教離れがしばしば話題となる一方で、発展途上国では宗教を信仰する人の方が主流であり、熱心に信仰する人の数は増えている地域もあります。西洋を中心に発展したキリスト教は、アフリカ、中南米、アジアなど、かつての勢力図から見れば辺境的なところで多くの信者を得て、そこから新たな力をくみとるようになっており、いまや「グローバルサウスを主要な基盤とする宗教」と見た方がよいのかもしれません。民衆に基盤をもつ宗教が優位になっていくという大きな流れのなかで、救済宗教そのものがかたちを変えて生き残っているという状況です。

また、イスラームを信仰する人の増大は顕著です。将来的にはイスラームが世界最大の宗教になると予想されていますが、その影響は今後、キリスト教が中心だった欧米先進国にも及んでいくでしょう。そして、経済成長にあまり期待できないグローバルノースでも、新たに救済宗教の力に共鳴する人が出てくる可能性があります。

マインドフルネスは仏教か?

スピリチュアリティを求める人は、心の支えとなるものを求めてしばしば遍歴をします。旅をするようにさまざまなスピリチュアリティの実践に触れ、その時々でそれが自分にふさわしいと思う。しかし、それは「その時々」という意味で確かさの弱いものでもあります。また、深いスピリチュアリティを自分ひとりで探求するのは難しいけれど、とはいえともに取り組む仲間もどこまで同じ意識や価値観を共有できているかはよくわからない。そうしたときに、救済宗教がもっている堅固な体系性や奥深い伝統があらためて意識される、ということが起きてくるのではないかと思います。

また、スピリチュアリティの実践そのものに救済宗教の影響が顕著に見られる場合が多々あります。

たとえば、最近、医療者やビジネスパーソンなどのあいだでも注目を集めている「マインドフルネス」について考えてみましょう。ストレス過剰による心身の不調や仕事の行き詰まりで悩む人が、独特の瞑想法であるマインドフルネスの療法を学ぶことで、生活改善を実感できるエビデンスが積み上げられ、医療現場や企業研修などで用いられているのです。

これは、それのみでは宗教と関わるものとはいえませんが、その実践の中心にある瞑想は、東南アジアの仏教の伝統が受け継いできた瞑想法にルーツをもっています。ですから、マインドフルネスの意味を深く理解しようと思えば、仏教的な修行をしたり、教えの深いところにあるものを学ぼうとしたりする動機にもつながっていきます。既存の仏教集団の側からは、「マインドフルネスは仏教ではない」と批判的に捉えられることもありますが、マインドフルネスはむしろ、現代において若い人たちのあいだに仏教の基盤を広げていると捉えることもできるのです。

あらためて救済宗教に目を向ける

これは、救済宗教以後、あるいは世俗化以後を生きる人間の精神生活の一側面です。ウェーバーが予見したように、ある種のニヒリズムに惹かれる若者が増えています。徳島大学の山本哲也准教授のグループによるコロナ禍の心理的な影響の調査が二〇二二年一月二十八日のＮＨＫ徳島放送局のウェブニュースで報道されました。緊急事態宣言が出された大都市を中心にオンラインのアンケートでのべおよそ五万人から回答を得たものです。それによると、家族や友人との交流が減り「社会的に孤立している」と感じる人の割合が増加しており、なかでも十八歳から二十九歳までの若年層は、二人に一人が社会的な孤立を感じ、「死にたい」と思ったことがある人が四人に一人に上っているといいます。

『プロテスタンティズムの倫理と資本主義の精神』の末尾でウェーバーが述べた言葉を用いると、私たちは「精神のない専門人、心情のない享楽人」になろうとしている、はたしてそれでよいのだろうか、という問いが広がっていると捉えることもできましょう。これは、第1章で見たように、「救い」の物語がいまなお私たちの心に響くこととともつながることです。

そして、「救い」の文芸的表現を享受するにとどまることなく、「救い」の観念にそってどう生きていくのかを考えるとき、救済宗教の伝統に目を向ける必要性に気づきます。「救い」の信仰に軸足を置いた生き方が堅固な「生きるかたち」（生活形式）として継承されてきたのは、救済宗教の伝統においてです。それぞれが個人的に生き方・考え方を学び、その人なりに身につけていこうとし、それがますます多様化するのが現代社会です。しかし、個々人が自分自身で「生きるかたち」を整えていくのには限界があります。救済宗教が育て、受け継いできた思考様式や実践様式の力を借りることは避け難いことでしょう。

そういう意味でも、救済宗教は過去のものになったわけではない。いまも根強く私たちの社会に生き続けている――そう捉えることができるのです。

救済宗教を通して、自分が何者であるかを問う

現代人は、救済宗教の「あと」(post-)に自分たちがいるという感覚をもっています。しかし、「救済宗教はもう不要なものだ」と強く主張する人たちは、ある時期までは多かったものの、いまでは必ずしもそうではなく、救済宗教を受け入れにくいと感じるとともに、救済宗教のない世界観を無条件に肯定できないとも感じている。これが、救済宗教に対する、あるいは「救い」というものに対する、現代人の考え方の傾向であり、この章を通じて述べてきたことの一つの帰結です。

こう考えると、ここまで考えてきた「救いとは何か」「救済宗教とは何か」という問いは、現代の世界の精神文化の特徴を理解する試みでもあったといえます。「現代の世界の精神文化」とはいささか大袈裟に聞こえるかもしれませんが、ある種の文明史的な展望のもとに現代を理解する、という視点はさほど縁遠いものではないはずです。そうした視点を明確にするために「救い」の歴史について見てきたのです。

この視点を日本にあてはめれば、救済宗教をめぐる世界的な文脈から見て、日本の精神文化はどういう位置にあるかを問うことにもなります。本書ではその部分を深める余裕はありませんでしたが、たとえば、仏教とは何か、神道とは何か、儒教とは何か、また現代人にとってこうした宗教や思想伝統の日本における働きはどこにあるのか——こうした問いを立てていけば、救済宗教との関係で日本文化を理解することにもつながります。それは、第2章で紹介した阿満利麿の『日本人はなぜ無宗教なのか』で示された問題意識をさらに深めていく手がかりにもなるでしょう。

世界の精神文化とは何か。あるいは、現代日本の精神文化とは何か——こうした問いは、漠然としていて、現実的でない大仰なものに映るかもしれません。しかし、実はこれらの問いは、「自分自身が何者であるか」というきわめて身近な問いにつながるものです。本書では、救済宗教というものを自分の〝外〟にあるものとして、歴史的・客観的に扱い、比較しながら考える姿勢に重きを置いてきました。しかし、それはおのずから自分自身の「内面への旅」という側面ももっていると、私は考えています。

自分自身を問うにはいろいろな方法があります。哲学を通して自分とは何かを考える。科学を通して、あるいは心理学を通して自分とは何かを知る。それと同じように、宗教を通して自分を知るという方法も、啓発的なものです。本書で見てきた通り、宗教というものは過去もいまもきわめて多くの人がその担い手である、という集合的な性格をもっていることもその大きな理由です。

歴史的にも長い射程をもって存続してきたし、社会的なさまざまな階層を超えて共有されてもきた。世界中にその根は広がっており、地理的・文化的にも多様性と奥深さを備えています。そうしたものの理解を通して、人間とは何か、そして自分とは何かを問うていく。

そのための手がかりを、読者の方が本書から少しでも得てくださることを願っています。

おわりに

私は十代の終わり頃、医師家族であることに誇りをもっていた両親の願いをうっとうしく感じ、自由になりたいとの思いにかられました。

父方の祖父は内科医で医学者、母方の祖父は公衆衛生の医学者で、父は精神科の医学者という医学の家系に生まれ育ちました。いくらか反抗的なところもありましたが、高校生まではまずまず〝いい子〟の枠を越えることはありませんでした。ところが高校を卒業して大学生となる頃に、自分の生きていく方向性がわからなくなってさまよう時期がありました。父はよく医療は人助けだといっていましたが、「そんな考えは甘い、医師の権威主義が自覚できていない」といった批判意識が次第にふくらんでいきました。

「人助け」のために精神科医になった父は、たぶん祖父母から困っている人を救うのが良い生き方だという考え方を受け継ぎ、また教養教育を重視する七年制の武蔵高校で西田幾多郎の盟友、山本良吉《りょうきち》の薫陶《くんとう》を受け、宗教や哲学に深い敬意を抱いていました。理系志望（科学志向）で医学部で学んだものの精神医学を選んだ背景には、「軸の時代の文明」の精神性を尊ぶ気持ちがあったのではないかと思われます。父の師は無教会派キリスト者である内村鑑三《かんぞう》の長子、内村祐之《ゆうし》でした。

当初は医学部を目指して大学に進んだ私は、東大の医学部紛争に出合い、自分の人生の指針が立たなくなり、よくわからないままに思い切って宗教学へと方向転換しました。ベトナム反戦運動や学園闘争のさなか、自分の土台があやふやでは先へ進めないという思いがありました。

宗教学を学び大学院に進んだものの、どこに自らのよりどころがあるのか不明確ななかで、心身症的に胃を悪くしたこともあり、「救い」とは何かが身近になった時期がありました。その時期に取り組んだのが、新宗教の教祖たちの「救い」の信仰に関する研究でした。彼らの人柄と考え方に大いに惹かれるところがあったからです。彼らの「救い」の経験をたどり、祈りの言葉を唱えたりもしましたが、結局、自ら特定の信仰のかたちを身につけ実践するには至りませんでした。

ともかく親とは違う道を選び取ることにこだわった私は、最終的に医学ではなく宗教を研究する道を選びました。考えてみると、医学も宗教も人を「救う」ことに関わっています。宗教の研究を始めてからすでに五十年を超えますが、そのあいだに取り組んだ課題には、宗教と医学にまたがる領域のものが多い。生命倫理もそうですし、死生学やグリーフケアもそうです。

宗教学と死生学を兼ねるようになったのは二〇〇二年頃からですが、その十年ぐらい前から、本書においても重要な位置を占めているスピリチュアリティの研究に取り組むようになりました。私ははじめ、スピリチュアリティとは「救済なしの宗教性」であると理解していました。人間の限界についての自覚に力点を置くよりは、明るく前向きに自己変容の可能性に重きを置く精神文化と考えたのです。

本書で解説したように、宗教が唱える「救い」には人間のネガティブな側面、限界状況に向き合うという経験が根底にあります。すなわち、救いとは苦難とセットになったものであり、避けられない苦難を強く意識しながら、それを超える何かを信じるのが救済宗教だという理解です。そのように苦難を強く意識することは、階級社会という社会構造とも深く関わっている。現代人は次第にそのことを自覚するようになり、「救い」を掲げる宗教から離れていきつつある。そう思っていたわけです。

ところが、人間には超えられないつらさの経験というものがあります。「救済宗教以後」のスピリチュアリティの時代になっても、「救い」の重要性は変わらずにある。依存症の自助グループの実践を知ったり、グリーフケアに携わったりするなかで、そう気づきました。また、救済宗教が培ってきた精神文化の分厚い土台はそう簡単にはなくならないこともあらためて認識しました。そこで、「救い」を引き継ぐスピリチュアリティとして、「限界意識のスピリチュアリティ」に注目するようになったのです。

「限界意識のスピリチュアリティ」を重んじた先達として、私が思い浮かべるのは折口信夫と宮沢賢治です。二十歳代の前半、新宗教の教祖研究に進む前に取り組んだのが折口信夫、四十歳代の後半、研究生活の停滞やオウム真理教事件による困難と父の死の前後に深く引き込まれたのが宮沢賢治でした。私の人生で「救い」を求める姿勢が強まったこの時期に、支えになったのがこの二人でした。本書の第1章で宮沢賢治の物語を引用したことには、そうした背景があります。

一九九六年、アメリカのシカゴ大学に三ヶ月滞在していたとき、日本から「父の具合が悪い」と連絡がありました。そのときすでに余命一年。しかし講義をしなければならないためすぐに帰国することはできません。そんな不安定な気持ちを抱えていたときに、私が読んだのが宮沢賢治の数々の作品だったのです。ちょうど宮沢賢治の生誕百周年でもあり、アメリカでの講義で参照したいという思いもあってもち込んだ文庫版の宮沢賢治全集に、宗教研究者としての行き詰まりを打開する何かを求めたところもありました。

父は亡くなる前に「心を病む人を助ける」ことが自分の人生であり、そのことに悔いがないといっていました。かつては現代の医学や医療のあり方に疑問をもったものでしたが、父が「人を救う」精神科医療を目指していたことに妙に納得するところがありました。「患者さんや家族の話をよく聴く」ことが大事だといい、それを横で見ていた経験もあり、父は「ケアのスピリチュアリティ」になじみがあったのだと思うようになりました。私が宗教研究という道に進み、聞き取りに多くの時を費やすようになった背景に父の影響があったことも自覚するようになりました。

科学が発展し、暮らしが個人化した現在、自分は宗教から自由になっている、と考える人は少なくないでしょう。しかし本書で見てきた通り、人類が、そして私自身が本当に宗教なしでやっていけるのかどうかは、なかなか答えの見えない開かれた問いだと感じています。その問いに対する答えの見通しを得るためにも、宗教の歴史と現在をこれからも学び続けていきたいと思います。

引用・参考文献

第1章

大澤千恵子『見えない世界の物語　超越性とファンタジー』講談社、二〇一四年
大畑末吉訳『完訳　アンデルセン童話集　2』岩波文庫、一九八四年
ハンフリー・カーペンター『秘密の花園――英米児童文学の黄金時代』(定松正訳) こびあん書房、一九八八年 (原著、一九八五年)
神渡良平『アメイジング・グレイス――魂の夜明け』廣済堂出版、二〇一六年
彩図社文芸部編『金子みすゞ名詩集』彩図社、二〇一一年
島薗進『宗教を物語でほどく――アンデルセンから遠藤周作へ』NHK出版新書、二〇一六年
宮沢賢治『宮沢賢治全集5』ちくま文庫、一九八六年
宮沢賢治『宮沢賢治全集8』ちくま文庫、一九八六年
矢崎節夫監修『別冊太陽　金子みすゞ』平凡社、二〇〇三年
与田準一、まどみちお、清水たみ子、武鹿悦子、矢崎節夫編『金子みすゞ全集』一九八四年、JULA出版局

第2章
阿満利麿『日本人はなぜ無宗教なのか』ちくま新書、一九九六年
石川明人『キリスト教と戦争――「愛と平和」を説きつつ戦う論理』中公新書、二〇一六年
井筒俊彦『イスラーム文化――その根柢にあるもの』岩波文庫、一九九一年（初刊、一九八一年）
バンバー・ガスコイン『ザ・クリスチャンズ――キリスト教が歩んだ2000年』（徳岡孝夫監訳）日本放送出版協会、一九八三年（原著、一九七七年）
小杉泰『ムハンマド――イスラームの源流をたずねて』山川出版社、二〇〇二年
エドワード・J・D・コンゼ『コンゼ仏教――その教理と展開』（平川彰、横山紘一訳）大蔵出版、一九七五年（原著、一九五一年）
島薗進『教養としての神道――生きのびる神々』東洋経済新報社、二〇二二
同『現代救済宗教論』青弓社、一九九二年
同『日本仏教の社会倫理――正法を生きる』岩波現代文庫、二〇二二年（初刊、二〇一三年）
島薗進・奥山倫明編『いまを生きるための宗教学』丸善出版、二〇二二年
中村元『宗教と社会倫理――古代宗教の社会理想』岩波書店、一九五九年
早島鏡正『ゴータマ・ブッダ』講談社学術文庫、一九九〇年

増澤知子『世界宗教の発明――ヨーロッパ普遍主義と多元主義の言説』（秋山淑子、中村圭志訳）みすず書房、二〇一五年（原著、二〇〇五年）
水野弘元『仏教要語の基礎知識』春秋社、二〇〇六年（初刊、一九七九年）
C・S・ルイス『C・S・ルイス宗教著作集4　キリスト教の精髄』（柳生直行訳）新教出版社、一九七七年（原著、一九五二年）

第3章

S・N・アイゼンシュタット『文明形成の比較社会学――ヴェーバー歴史理論の批判的展開』（梅津順一他訳）未來社、一九九一年（日本語版が初刊）
伊東俊太郎『人類史の精神革命――ソクラテス、孔子、ブッダ、イエスの生涯と思想』中央公論新社、二〇二二年
マックス・ウェーバー『宗教社会学』（『経済と社会』第2部第5章）（武藤一雄他訳）一九七六年、創文社
同　『宗教社会学論選』（大塚久雄他訳）一九七二年、みすず書房
同　『プロテスタンティズムの倫理と資本主義の精神』（大塚久雄訳）岩波文庫、一九八九年（原著、一九〇四―五年）

ハンス・G・キッペンベルク『宗教史の発見――宗教学と近代』（月本昭男、渡辺学、久保田浩訳）岩波書店、二〇〇五年（原著、一九九七年）
ヘルマン・ジーベック『ゲーテの世界観』（橋本文夫訳）理想社、一九四九年（原著、一九〇五年）
島薗進「「宗教の進化」を論じうるか――パーソンズ宗教論の限界」（富永健一・徳安彰編『パーソンズ・ルネッサンスへの招待――タルコット・パーソンズ生誕百年を記念して』勁草書房、二〇〇四年）
同『精神世界のゆくえ――宗教からスピリチュアリティへ』法藏館文庫、二〇二二年（初刊、一九九六年）
ロバート・ベラー「宗教の進化」『社会変革と宗教倫理』（河合秀和訳）未來社、一九七三年（原著、一九六四年）
エルンスト・トレルチ『キリスト教の絶対性と宗教の歴史』（深井智朗訳）春秋社、二〇一五年（原著、一九一二年）
カール・ヤスパース『歴史の起源と目標（ヤスパース選集Ⅸ）』（重田英世訳）理想社、一九六四年（原著、一九四九年）

第4章

伊藤亜紗編『「利他」とは何か』集英社新書、二〇二一年
ブライアン・ウィルソン『現代宗教の変容』（井門富二夫、中野毅訳）ヨルダン社、一九七九年（原著、

一九七六年）
島薗進『宗教学の名著30』ちくま新書、二〇〇八年
同『スピリチュアリティの興隆――新霊性文化とその周辺』岩波書店、二〇〇七年
同『現代宗教とスピリチュアリティ（現代社会学ライブラリー8）』弘文堂、二〇一二年
同『ともに悲嘆を生きる――グリーフケアの歴史と文化』朝日新聞出版、二〇一九年
同『新宗教を問う――近代日本人と救いの信仰』ちくま新書、二〇二〇年
フリードリヒ・ニーチェ『道徳の系譜』（木場深定訳）岩波文庫、一九四〇年（原著、一八八七年）
ピーター・L・バーガー『聖なる天蓋――神聖世界の社会学』（薗田稔訳）新曜社、一九七九年（原著、一九六七年）
ロバート・N・ベラー『徳川時代の宗教』（池田昭訳）岩波文庫、一九九六年（初刊原著、一九五七年）
カール・マルクス『ユダヤ人問題によせて ヘーゲル法哲学批判序説』（城塚登訳）岩波文庫、一九七四年（原著、一八四三年）
トーマス・ルックマン『見えない宗教――現代宗教社会学入門』（赤池憲昭、ヤン・スィンゲドー訳）ヨルダン社、一九七六年（原著、一九六七年）

装丁　成原亜美
ロゴ画　近藤愛
表紙装画　丹野杏香
DTP　天龍社
校正　谷内麻恵
編集協力　山下聡子

島薗進（しまぞの・すすむ）
1948年、東京都生まれ。宗教学者。東京大学文学部宗教学・宗教史学科卒業。同大学大学院人文科学研究科博士課程単位取得退学。東京大学名誉教授。上智大学グリーフケア研究所前所長。NPO法人東京自由大学学長。主な研究領域は近代日本宗教史、宗教理論、死生学。著書に『宗教学の名著30』（ちくま新書）、『国家神道と日本人』（岩波新書）、『日本人の死生観を読む　明治武士道から「おくりびと」へ』（朝日選書）、『いのちを〝つくって〟もいいですか？　生命科学のジレンマを考える哲学講義』『宗教を物語でほどく　アンデルセンから遠藤周作へ』（ともに小社刊）など多数。

宗教のきほん
なぜ「救い」を求めるのか

2023年3月25日　第1刷発行

著者　島薗進

発行者　土井成紀
発行所　NHK出版
〒150-0042
東京都渋谷区宇田川町10-3
電話　0570-009-321（問い合わせ）
　　　0570-000-321（注文）
ホームページ　https://www.nhk-book.co.jp

印刷・製本　光邦

Printed in Japan　ISBN978-4-14-081935-7 C0314